精准表达

陈 赞 ◎ 著

当代世界出版社
THE CONTEMPORARY WORLD PRESS

图书在版编目（CIP）数据

精准表达 / 陈赞著 . -- 北京：当代世界出版社，2018.11
 ISBN 978-7-5090-1421-9

Ⅰ . ①精… Ⅱ . ①陈… Ⅲ . ①口才学—通俗读物 Ⅳ . ①H019-49

中国版本图书馆 CIP 数据核字（2018）第 161657 号

书　　名：	精准表达
出版发行：	当代世界出版社
地　　址：	北京市复兴路4号（100860）
网　　址：	http://www.worldpress.org.cn
编务电话：	（010）83907332
发行电话：	（010）83908409
	（010）83908455
	（010）83908377
	（010）83908423（邮购）
	（010）83908410（传真）
经　　销：	全国新华书店
印　　刷：	河北华商印刷有限公司
开　　本：	710毫米×1000毫米　1/16
印　　张：	16
字　　数：	200千字
版　　次：	2019年1月第1版
印　　次：	2019年1月第1次
书　　号：	ISBN 978-7-5090-1421-9
定　　价：	39.80元

如发现印装质量问题，请与承印厂联系调换。
版权所有，翻印必究，未经许可，不得转载！

说话人人都会,但未必人人都会说话。有人常感叹"说话难",跟他人交流不深入,其实是没有掌握说话的技巧。要想让对方信服、认同你所说的话,你就得把话说到对方心里去。

会说话是最基本的一种社交技能,不管是谈恋爱、交朋友,还是找工作,都需要会说话,一个人说话水平的高低直接影响其人际关系以及事业发展。

生活中,很多人羡慕那些说话滔滔不绝、舌灿莲花的人,不过,能说不等于会说,说得多也不等于口才好。一个真正的智者,知道什么时候该保持沉默、什么时候该说什么,他们深谙说话心理学,并通过沟通影响他人,在做人做事时总能达成所愿。

第一,掌握沟通技巧。

精准表达是一门技术活,它可以帮你改善家庭成员间的关系,消除同事间的误解,也能帮你化敌为友。一个善于精准表达的人,必定是一个善于察言观色的人。因为唯有在意听者的反应,才能在沟通中找到对方习惯的说话方式、喜欢谈论的日常话题。

人心是很微妙的,同样是与人交谈,有的人说话会令人反感,而有的

人说话却会令人不由自主地妥协。会说话的人在沟通中懂得避开"我"字，多用"我们"，这可以使对方更容易接受自己的观点、情感，有助于将对方变成自己人，从而拉近关系、达成共识。双方的心理距离近了，沟通起来自然事半功倍。

第二，善于换位思考。

精准表达不仅仅是一种技巧，还需要设身处地为对方着想。经验表明，再有用的技巧，倘若没有真诚的情感做基础，都是虚的。走进对方内心深处，消除对方的顾虑、担忧和误解，需要站在对方的立场上考虑问题。如果口无遮拦，丝毫不考虑对方的感受，就可能引发对方强烈的抵触情绪。聪明的人会掌握说话的分寸，拿捏好对方的心理，从容不迫之间令听者信服。

第三，学会出色表达。

你是喜欢听百灵鸟的婉转叫声，还是喜欢听乌鸦的破锣嗓子呢？答案是毫无疑问的。好听的声音吸引人，声音好听的人在谈话中也更有优势。每个人说话的声音都不一样，不同的声音在不同的场合能够发挥不同的作用，最重要的是把握听众的特点及现场环境，把要说的话精准表达出来。

与他人交流时，一定要懂得倾听，何时点头、摇头，何时微笑，何时皱眉，都应运用得恰到好处。恰如其分地运用肢体语言，不仅能让谈话顺利进行，还能增强语言的感染力。一个眼神、一个手势，很多时候胜过千言万语，无形中说者的自尊得到了满足，听者的感情也得到了升华。

第四，区分说话对象。

与人交谈时，若想影响他人，就必须抓住对方的心理特点，这就要求我们在短时间里对对方做出大致的判断。不同的钥匙开不同的锁，我们要找的正是这不同的钥匙。根据各人不同的特点，使用不同的话术，精准表达自己的意思。

第五，坚持亲和法则。

一般来说，当你想让对方接受某个观点或采纳某个建议时，给予对方恰到好处的赞美和恭维有时会有很好的效果。当你批评对方时，如果无法表达出应有的诚意，不但起不到批评的作用，反而会引起对方的抗拒。

无论给予肯定、赞美，还是否定、批评，说话时和颜悦色，用谈心的方式与之沟通，在感情上自然能拉近彼此的距离。坚持亲和法则，更容易把话说到对方心里去，取得预期的沟通效果。

……

在通往成功的道路上，说话的艺术、沟通的智慧，变得越来越重要。一个人能够准确表达内心的想法，及时向他人陈述自己的见解，并通过反馈获得有价值的信息，自然能够采取有效的对策，实现价值追求与奋斗目标。

掌握沟通心理学，说话时精准表达，能够让你在奋斗的道路上少一些挫折，多一些顺利。

【目录】

序言 // I

第一章　所谓精准表达，就是让人觉得舒服

如果你不是在自说自话，那么就必须要考虑对方的感受。所谓精准表达，就是让人觉得舒服。有些人只顾自己说得开心，却忽视了对方是否愿意听，这样的人就算说话技巧再高，最多也只能成为一个不受欢迎的言论制造者。

　　差异效应：你喜欢说，对方不喜欢听 // 003
　　太绝对的话不要随便说出口 // 005
　　说话时，一定要注意对方的反应 // 007
　　主动消除说话的死角地带 // 009
　　多说"我们"，把对方当自己人 // 010
　　宁可犯口误，不可犯口忌 // 013
　　南风效应：说话一定要有"感情" // 014

第二章　精准表达，让你在交际中如鱼得水

会说话的人在社交活动中游刃有余，是因为他们谙熟人性、心理，在客套中令人愉悦。不会说话，人见人烦，别人就会与你处处为敌，想要干点事情自然难上加难。有人的地方就有矛盾，有交谈的场合就有争论，一旦遭遇冷场，你知道自己应该说些什么吗？说话必须要有"暖心术"，话说对了，走到哪里都有好人缘儿。

聪明人懂得何时张嘴、何时闭嘴 // 019

请先说出你自己的错误 // 020

引发心理认同感，与对方惺惺相惜 // 022

别轻易说"这事没问题" // 025

说点儿应酬话好办事 // 027

重视对方，牢记对方名字并喊出来 // 028

第三章 表情+动作，你的话可以更有感染力

心理学研究表明：一个人向外界传达信息时，表情、动作等非语言成分占55%，说话、声调只占45%。所以，说话时请不要忽略你的肢体语言，它们能让你的表达更完整、更富感染力。

说话+动作+表情，更具感染力 // 033

让动听的声音增强语言魅力 // 035

如何正确运用手势 // 036

说话时，你注意过自己的表情吗 // 039

肢体动作能增强语言的感染力 // 040

第四章 心理暗示：用言语引导他人心理

现实生活中，说话时学会运用一些暗示技巧，对于说话之人，不仅能把道理有条有理地讲出来，而且能让听者不感到混乱。大多数人不是天生的语言大师，说话水平和技巧只能在学习中不断提高、在实践中不断增强，学习一些暗示技巧，可以帮助我们更自如地驾驭语言，更潇洒从容地与他人交流。

说话是一种清醒的催眠 // 045

说话时如何运用"暗示"技巧 // 046

见什么人说什么话，暗示也要因人而异 // 048

亲切寒暄能拉近心理距离 // 050

目录

暗示，让自己保持积极心态 // 052

第五章　巧妙说不：婉言谢绝得到对方的心理谅解

说"不"很容易，但并不是每个人都能把拒绝的话说好。当自己确有难处无法答应别人的请求时，就应该拒绝别人，但是拒绝别人时要考虑别人的情感，尽量做到不伤害别人的感情。要想避免因拒绝而得罪人，就要学学拒绝的技巧。

转移话题，轻松达到拒绝目的 // 057

慢点说"是"，笑着说"不" // 058

抢先一步，让对方的请求说不出口 // 060

说"不"要委婉，点透即可 // 062

巧妙运用"客观理由"拒绝 // 064

面对非分要求，不妨当成"玩笑" // 066

第六章　超级说服力：巧妙表达赢得对方的心

有位著名的成功学大师曾说："人生其实就是一个不断说服和影响的过程，如果你能说服与影响自己，你就可以获得自信和快乐；如果你能说服与影响别人，你就可以变得有钱有名。"要想说服别人，首先要学会揣摩对方的心理，把话说到对方心里去，这样才能够真正打动对方、说服对方。

喜好效应：钓鱼必须知道鱼吃什么 // 071

专业术语，让你的话更有说服力 // 073

教你找到对方的心理弱点 // 075

借助诙谐的语气让对方说"是" // 077

互惠+对比，打好说服这场心理战 // 079

用事实说话，让对方不得不信 // 081

权威效应：带着光环更易说服成功 // 083

第七章 巧妙提问：会问是本事，巧答看实力

如何问，对方才愿意回答？问什么，对方才愿意深入交谈？怎样问，才能获得想要的答案？学会精准判断被提及的问题，从而推动事情发展，离不开科学训练和努力实践。通过富有技巧性的提问，提高沟通效率并提升自身影响力，是每个人的必修课。

探路式提问，降低对方的"警戒心" // 089

在对方最在行的领域提问，拉近距离 // 091

学会设置提问的"心理陷阱" // 093

好话也能催眠，先赞美再提问 // 096

第八章 最舒服的聊天：说话有分寸，和谁都能聊得尽兴

会说话的人更加讨人喜欢，说话有分寸在人际交往中会起到意想不到的作用。聊天谁都会，但是能够在不同场合都聊得让人愉悦，才是真正地会聊天。

我们为什么要说"场面话" // 101

说话要留余地，别给自己挖陷阱 // 102

指出别人的错误时让其有面子 // 104

说话有道理，也要有效果 // 106

说气话会让你后悔一辈子 // 108

第九章 会圆场的人，走到哪里都受欢迎

在复杂的交际过程中，需要我们能"圆"则圆，即适当的场合变得"圆滑"一些，这种人际交往能力总结一下就是：善于化解矛盾、避免尴尬、打破僵局。

既不赞成也不反对的态度 // 113

会说圆场话，不做冷场王 // 114

听到赞美的话要表示感谢 // 116

当着矮子，不说短话 // 119

事情没办好，也要表谢意 // 121

及时出手，用幽默打破冷场 // 122

第十章 把话说明白："怎样说"比"说什么"更关键

重点的话往往就是那三言两语，但是能把这三言两语说出来并不是一件容易的事情，这需要了解沟通情境，把握对方心理，提炼出关键性语言。

用形象的比喻阐明严肃的道理 // 127

靠谱的人话不多，但句句都是重点 // 129

注意保留说话的空当 // 131

想说什么就说出来，注定完蛋 // 132

说不清是产生误解的根源 // 134

第十一章 懂得互动，才能把话说到对方心坎里

情商高的人懂得与人沟通的有效方法，善于轻松处理各种局面，能够选择对方乐于接受或能产生良好效果的沟通方式，自然容易达成所愿。

获得认同要选对沟通方式 // 139

讲话时的动作也有"玄机" // 140

理解他人，才能把话说到对方心里去 // 143

少说多听，打开他们的"话匣子" // 144

第十二章 好话好说：赞美不是随口说说，而要出于真心

如果你想受人欢迎，想交到更多朋友，那就大声赞美别人吧！寻找他人身上的闪光点，仔细琢磨如何去表达，而后幽默风趣地给予赞美，一定会极大地提升你的亲和力和人缘，带给你不一样的人生际遇。

"赞美"的神奇心理效用 // 149

风趣的赞美让人喜出望外 // 150

真诚的幽默赞美最让人受用 // 152

尽量把话说好听点 // 153

摸准对方心理，说他们想听的话 // 156

第十三章　委婉批评：采用"弦外之音"的说话方式，让对方"知错而退"

让批评声变得动听，关键是要学会换位思考，考虑对方的感受。同时，避免直言不讳，委婉的建议才能使批评更易被接受。

批评声也可以变得"动听" // 161

不伤自尊的批评术：对事不对人 // 163

你还在气急败坏地批评别人吗 // 164

幽默的批评更能让人接受 // 166

以关怀代替质问 // 168

建议式的"批评"更受欢迎 // 169

第十四章　优势谈判：不光用"嘴"还要走"心"

每个谈判精英都是说话高手，但在谈判中，会说、能说还不够，关键时刻还要走"心"。

关键时刻一语中的，让对方无话可说 // 173

协商+共谋，让对方无法说"不" // 175

欲得"寸"不妨先进"尺" // 177

别让对方抓住你的说话"漏洞" // 179

话多不如话少，话少不如话好 // 181

第十五章　言之有情：含情在心赋情于语以情动人

这个世界上最动听的话不是那些辞藻华丽、满腔附和的话，而是有真材实料、符合客观实际、带有感情的话。在说话时，如果我们能够调动自身的激情，以情感人，那么听者的注意力便会被我们吸引，我们就掌握了说话的主动权。

　　说话前，一定要避开"敏感区" // 185

　　恰如其分地表达弦外之音 // 186

　　学会用心用"情"说话 // 188

第十六章　完美笑话公式：幽默能够使语言更具魅力

在玩笑的形式背后隐藏着对事物的严肃态度，这是幽默；在严肃的形式背后隐藏着玩笑，这是讽刺。对此，德国作家布拉尔曾说："使人失笑的，是滑稽；使人想一想才失笑的，是幽默。"

　　幽默，穿透人心的魔咒 // 193

　　画龙点睛才是幽默的王道 // 194

　　拟人：让无意识的动物替你说话 // 195

　　设置悬念的幽默方式 // 197

　　比比谁最会讲笑话 // 199

　　注重场合对象，避免过于随意 // 200

第十七章　巧妙设计好话题，跟谁都能说上话

选择一个好的话题，大家就会滔滔不绝，不仅能够拉近彼此的距离，也能使谈话更加顺利地进行；反之，如果选择了不合时宜的话题，谈话氛围就会变得很尴尬，甚至会影响双方的关系。

　　赶快扔掉那些敏感话题 // 205

　　共同话题最能拉近关系 // 206

　　兴趣：说话高手都喜欢的话题点 // 208

话题是怎样出卖"人心"的 // 210

第十八章 成功搭讪：三言两语，给陌生人留下好印象

"说话"是展开交际的第一步，没有主动的交谈，就很难拉近与陌生人之间的距离，为此，必须战胜害羞和恐惧的心理，用真诚的态度和多多益善的赞美赢得陌生人的好感和青睐。

开场白直接关系搭讪成败 // 215

如何避开搭讪误区，防止尴尬 // 217

探知对方心理，提高搭讪成功率 // 218

你不知道的十大"搭讪礼仪" // 220

先聊自己私事的好处 // 222

第十九章 有求于人：做得对不如说得对，说得对不如说得好

美国著名心理学家威廉·詹姆斯曾说："人类本性中最深的企图之一是期望被赞美、钦佩、尊重。"所以，求人办事的时候先把话说得好听一些，自然容易得到他人的认同，进而赢得帮助。

开口求人帮忙要大事化小 // 227

诉苦，激起对方的同情心 // 228

以"口"求人不如以"情"求人 // 230

求人办事不如激"将"上阵 // 232

第一章
所谓精准表达,就是让人觉得舒服

如果你不是在自说自话,那么就必须要考虑对方的感受。所谓精准表达,就是让人觉得舒服。有些人只顾自己说得开心,却忽视了对方是否愿意听,这样的人就算说话技巧再高,最多也只能成为一个不受欢迎的言论制造者。

第一章
所谓精准表达,就是让人觉得舒服

差异效应:你喜欢说,对方不喜欢听

教师在讲台上讲得眉飞色舞,听课的学生却昏昏欲睡;领导在大会上讲得唾沫横飞,员工们却大多不知所云……在现实生活中,这样的情景十分常见,为什么讲话者与倾听者的表现会存在如此大的差异呢?

心理学上有一个著名的"焦点效应",即每个人都会把自己当成中心,说话者之所以说得兴趣盎然,是因为他们所说的话是他们想说的,不过他们想说的,却并不一定是他人想听的。听的人在倾听时也会把自己视为中心,感兴趣的就听听,不感兴趣的就左耳朵进右耳朵出,直接当作耳旁风。

讲话者与倾听者似乎永远是一对矛盾,两者在说话立场上、对待不同话题的态度上存在着非常大的差异。如果你想拥有出色的口才,成为社交达人,那么就必须想办法克服这种差异效应,否则你可能永远都找不到忠实听众。

娜娜大学毕业后独自一人去了深圳工作,远离家乡和父母,加上工作的不顺利、生活的苦闷,她觉得自己特别苦,特别需要有人说说话。

由于深圳没有同学、朋友,娜娜只能通过电话、网络视频等向家人、大学同学寻求心灵安慰。

"小×最近怎么样?我觉得自己最近倒霉透了,上周被领导狠批了一顿,今天下班回来买饭的时候发现钱包又丢了,没钱没卡,我好想大哭一场……"

"妈妈,你说工作怎么这么不好干?我这个月的任务又完不成了,我是不是不适合现在这份工作?可是辞职的话,又不知道去做什么、能不能找到其他工作,好多同学都月入过万了,我才赚这点,连同学聚会都不好意思去了……"

起初,娜娜的同学在听完她的诉苦后,还会好言安慰一番,可娜娜简直是祥林嫂附身,时不时就要大吐苦水,时间一久,同学一听娜娜要诉苦,就会借口"忙""有事"挂掉电话。父母虽然不会直接挂她的电话,但听电话的时候明显心不在焉,有时候连娜娜抱怨了什么事情都没听进去。对此,娜娜觉得十分委屈、受伤。

在现实生活中,有很多像娜娜一样喜欢诉苦、抱怨的人,但没人喜欢负能量,即便是亲生父母也懒得长期听孩子毫无行动力的负面言论。在与人交谈的时候,千万不要只顾自己说得痛快,还要站在听众的立场上想一想对方是不是愿意听,否则说得越多,越容易招人厌烦。

那么,在日常与人交谈的过程中,怎样才能避开说话陷阱,防止被对方"讨厌"呢?

(1)多说积极话,少说消极话。

这个世界上,谁都没有义务倾听你的抱怨,负能量的话你说得越多,身边的朋友就会越少,除了付费的心理咨询师,没人愿意听你诉苦。所以,如果你不想成为下一个祥林嫂,不想成为娱乐众人的笑料,那么还是多说正能量的话吧!

(2)不要忽视听众的反应。

心理学研究发现,人们在听到自己不想听的话时,往往会表现得很不耐烦,说话语气会变得烦躁,注意力也会随之分散。我们在与人说话的时候,一定不要只顾自己说,而忽视了听众的反应。如果对方有眼神涣散、左顾右盼、眉头轻皱、嘴角下拉等微表情,那说明对方已经听得有点不耐烦了,不过出于礼貌不好意思打断你说话,这时,你一定要知趣地及时转变话题。

(3)注意双方之间的互动。

说话不是一个人的独角戏,它需要听众的配合和反馈,一个出色的演说家不仅能舌灿莲花,更重要的是他能让听众与其积极互动。在日常与人说话时,不管谈论什么话题,都要注意与对方互动。倾听别人说话时,适当给予回应表示自己在听;自己说话时,也要时不时问问听者的意见,只有这样才能达到更好的沟通效果。

太绝对的话不要随便说出口

把话说得得体、恰到好处,可以赢得他人信任,获得对方认同,说话太绝对,超出对方的心理底线,会使双方的关系势同水火,甚至瞬间毁掉好不容易建立起来的关系。

说话留一些空间,是人际交往的基本策略。永远不要把话说得太绝对,因为没有谁可以预见未来。多说圆融的话,少说太绝对的话,做人做事恰到好处,会让人受益无穷。

然而,我们身边总有一些人,为了表现自信或者为了展现能力,把话说得很满、很绝对,岂不知,物极必反。把话说得太绝对,一旦出现纰漏或意外,就失去了回旋的余地,很容易使自己陷入尴尬境地。

徐丽和李婷是大学同学,毕业后进入同一家公司,在大家眼里是亲密的好姐妹。然而,她们却因为一件事心生隔阂,关系变得尴尬起来。

这一年,徐丽的女儿要上初中了。为了让孩子上一所好中学,她四

处奔波,但始终没有如愿。在一次与李婷闲聊时,徐丽提到了此事,李婷听后主动请缨,表示愿意托人帮忙解决这个难题。

看到李婷说话坚定的样子,徐丽确信无疑。转眼到了开学的日子,徐丽多次催问事情的进展,李婷多次许诺万无一失,但是最终却没把事情办成。最后,孩子只上了一所普通中学,这令徐丽十分恼火。

李婷把话说得太绝对,以至于徐丽把所有的希望都寄托在了她身上,最终事情没办好,的确让徐丽很郁闷。说话太绝对会让自己没有退路,没有回旋的余地,甚至陷入不必要的麻烦。

会说话的人说话总是留有余地,不说太绝对的话,这样即使没有帮人办成事,也不会被埋怨。

一个人能言善辩是优势,但是作出承诺、提出看法的时候,不要说太绝对的话。凡事多考虑,留有余地,既能让对方有面子,也能给自己留条后路。从人际关系学的角度看,大话连篇、言辞武断的人并不受欢迎,很容易让人产生不信任感。

做人不妨低调一点,多做少说,说话有分寸,用实际行动证明自己的价值,更容易赢得对方的信任和支持。"利不可赚尽,福不可享尽,势不可用尽。"同理,话不要说满,事不要做绝。说话把握分寸,给自己留有余地,需要注意以下几点。

第一,与人交往时,对别人的请求可以答应,但是不要"保证",应该说"我尽量""我试试看"。

第二,说话不要过了头,别违背常情、常理。凡事都有一个度,你的承诺超出了自己的能力范围,对他人是一种欺骗,对自己是一种负担,给人留下把柄,实在没有这个必要。

第三,说话圆润一些,不可太直白,避免激怒对方。讲究分寸,满足对方的心理预期，这样讲话才容易让人接受。说话的语气，透露出你的情绪，会影响听众的感受。让语气柔和一些，你会得到更多善意和理解。

说话时，一定要注意对方的反应

生活中永远都不缺少秀"优越感"的人，他们自诩高人一等，对别人的事以自我为中心发表各种看法。虽然这些人说得头头是道，但人缘却并不好，因为他们从来都没注意过听者的反应，也从没有考虑过听者的感受。

心理学家经过长期研究发现，在日常对话中，当一个人的言语太过强势时，听者往往会处于一种内心压抑的状态，这种压抑会令人不舒服。为了摆脱这种不舒适，听者自然会选择逃避，远离言语强势的人。

"你这么干根本行不通""好好的工作你为什么非要辞职"……你身边是否有喜欢这样说话的朋友？沟通的双方地位是平等的，如果说话者总是摆出一副高高在上的姿态去训斥别人，丝毫不顾及听者的感受，那么必然会没朋友。

小A参加高中同学聚会时，吃惊地发现同班同学D竟然也嫁到了成都，更巧的是两人竟然住在同一个小区。由于两个人住得非常近，周末小A就特地约了D一起逛街。

两个人见面都非常高兴，一边逛街一边聊天。D十分热情地说："真没想到你居然也嫁到了成都，你老公是做什么的？"关于自己的家庭私事，小A其实并不是很愿意和别人谈，但碍于D的热情，只好敷衍地回答："他在钢铁行业工作。"

小A本想让这个话题赶快过去,谁知道D却十分强势地紧接着说:"现在房地产行业都在走下坡路了,钢铁行业也越来越不景气,我和你说,我老公以前也是钢铁行业的,看情况不好,很果断地跳到了互联网。你得和你老公说说,现在钢铁行业哪还能干啊……"

尽管D是一片好心,但说出的话过于强势,而且在说之前,根本没注意到小A已经脸色不善了,还自顾自地讲着必须趁早从钢铁行业抽身的各种理由,而且一边说一边像长辈一样叮嘱"我说的你一定要往心里去哈,肯定不会害你"。

碍于同学情面,小A也不好发作,不过从此以后小A再也没和D一起逛过街。当其他同学问及原因时,小A有些苦恼地说:"D实在是太爱管闲事了,而且不管别人高兴不高兴,她自己说得很高兴,但我已经在爆发边缘了,又不好发作,简直太受伤了,所以还是不要一起逛街比较好。"

强势沟通是一种攻击,如果不是在谈判桌上,那么在与他人说话时,请收起你的"强硬",在说话之余,多观察一下听者的反应。

如果听者面露愉悦,说明你的话题正好是他感兴趣的,说话方式也不令人反感。如果看到听者有紧皱眉头、眼神左闪右避、动来动去等不耐烦的表现,那么请立即结束现在正在谈论的话题,很明显,你所谈论的话题是对方不想听也不愿听的。

在与他人谈话之前,我们要先明确双方的关系,是上下级、普通朋友、事业伙伴,还是点头之交、客户,并根据双方关系确定说话时应当表露多少"友善"成分。如果是重要客户、老板、领导,那么说话时就要格外注意对方的反应;如果是非常熟悉的家人、好朋友,则对听者反应的关注度可以适当少一些。

第一章

所谓精准表达，就是让人觉得舒服

主动消除说话的死角地带

每个人都有不愿被别人提及的隐藏在内心深处的秘密，这往往是谈话的死角地带。在沟通中，如果你触碰了对方的禁忌，势必会引起对方强烈的抵触情绪，甚至破坏好不容易建立起来的关系。

会说话的人善于把握对方心理，对他们来说，消除谈话的死角地带并不是难事。很多人选择回避死角地带，事实上，这样并不能从根本上帮助对方解决问题，尤其是当双方的谈话主题与死角地带有关时，越是躲闪越会加深误解，甚至有可能让双方的关系变得不可调和。

因此，当死角问题出现之后，双方切勿讳莫如深，应该尽早把事情说清楚，把死角地带消除，从而有效化解矛盾。只有愚蠢的人才会让问题越积越深，最终造成无法收拾的局面。

杰克和约翰是无话不谈的好友，从高中开始就很要好，现在，他们又在同一家公司上班，关系更是好上加好。

一天下班后，两个人约好去喝啤酒。等电梯的时候，他们遇到了公司的几个女孩，出了电梯，大家寒暄之后就挥手告别了。

杰克对约翰说："琼斯像个傻大姐，没有一丝女人味，有时候觉得她比男人还要男人，以后谁娶了她，估计要倒霉一辈子。"

杰克说完发现约翰脸色不对，连忙问哪里不舒服。约翰淡淡地说了一句："也许我就是那个倒霉的人，我和琼斯正在谈恋爱。"

杰克大吃一惊，急忙安抚约翰："兄弟，我是开玩笑的，你千万别放在心上。"

约翰虽然嘴上说着没事,但是心里还是有些不痛快。晚上喝酒也未尽兴,气氛有些尴尬,平日畅所欲言的两个人常常陷入沉默。

此后,杰克与约翰的关系变得微妙起来,两个人总是有意无意地回避着什么。虽然如此,两个人还是希望能够把误会解开,恢复以前融洽的关系。

年底公司聚会,在席间杰克借着酒劲来到约翰面前,认真地说:"兄弟,一直想跟你和琼斯正式道歉,但是不知道怎么开口,今天借这个机会,真诚地说声对不起,请原谅我的鲁莽行为。"

约翰笑笑,拍拍杰克的肩膀,将杯中酒一饮而尽,"不必放在心上,那只是一个玩笑而已。"心结打开了,双方消除了隔膜,仍然是无话不谈的好朋友。

会说话的人懂得低头,以满足对方的心理诉求,从而为建立互信、融洽的关系奠定基础。一旦双方取得信任和理解,彼此打开心结,日后沟通起来就会顺畅无阻,不会因为踩到雷区而伤人伤己。

多说"我们",把对方当自己人

那些社交经验丰富的人,通常不会直接说"我怎么怎么着",而是说"我们怎么怎么样"。这样虽然有拉关系、套近乎的嫌疑,但这种把对方当自己人的说话方式,可以称得上是人际交往的"润滑剂"。

从心理学角度来讲,一个人对自己的关心要远远多于对他人的关心,关注自己是人的天性。所以,很多情况下,人们在交谈时,总会不自觉地说"我认为""我的业绩""我一定"……

第一章

所谓精准表达，就是让人觉得舒服

"我"和"我们"表面看只是一个称谓问题，只有一字之差，但给我们的心理感觉却完全不同。一个独占"我"字、随时随地说"我"的人，是不受欢迎的。如果"我"讲得太多并过分强调，会给人突出自我、标榜自我的印象，影响别人对你的认同感。而"我们"表明说话的人很关注对方，站在双方共同的立场上看问题，而不是以自我为中心。

李倩倩大学毕业后在一家贸易公司做经理秘书，她聪明能干，经理对她的工作能力很是赞赏。可是，她在公司的人缘却不是很好，同事们都不喜欢和她交流。

李倩倩说话时，总喜欢把"我怎么怎么样"挂在嘴边，喜欢说自己的事情，很少关心别人。时间长了，大家都很厌烦，所以除了工作上的事情，很少和她交流。

最近，公司人事变动，新来了一位经理。这天下午，新经理把李倩倩叫到办公室，想从她这里了解一些下属员工的工作情况。可是，李倩倩翻来覆去都在说自己的工作情况和取得的成绩。新经理提示她谈谈其他员工的工作情况，没想到李倩倩轻描淡写地说："其他人的情况我不是很清楚，每次都是他们听我说，他们的情况我没有问过。"

新经理语重心长地说："你作为经理秘书，要比经理更加了解员工的工作情况，这是你最基本的工作。你总是以自我为中心，会让同事产生反感。别人都不喜欢和你交流，那你的工作如何完成？在以后的工作中，要多说我们，要多关心同事，这样既有利于你开展工作，又能让你赢得好人缘。"

李倩倩听完后，信服地点了点头。

要想处理好跟他人的关系,很重要的一点就是少说"我"多说"我们",把自己变成他人的"自己人"。所谓"自己人",是指对方把你与自己归为同一类型的人。人们总是喜欢和与自己相似的人在一起,所以往往对"自己人"所说的话更信赖、更容易接受。

一旦成了"自己人",彼此之间的心理冲突就会大大减少,就更容易建立良好的关系。这种现象在心理学上叫作"自己人效应"。

人的心理就是这样,很在乎别人对自己是否关注,一旦发现对方是一副无所谓的样子,就会想方设法逃离。

把别人当成自己人,多说"我们",可以消除对方的抗拒心理,拉近与对方的心理距离,使其觉得你是真正在为他考虑,从而接受你的观点和情意。总之,要想让自己成为他人的自己人,需要我们在说话时注意以下几点:

(1)说话时应以"我们"开头。

如在员工大会上,你想说:"我最近做了一项调查,发现30%的员工有消极怠工现象,我认为这些现象……"如果你将这段话中的两个"我"字转化成"我们",效果就会大不一样。因为说"我"时,只能代表你一个人,而说"我们"时,代表的就是公司、大家,员工们会更容易接受。

用"我们"一词代替"我",这可以缩短和对方的心理距离,促进彼此之间的感情交流。

(2)非得用"我"字时,以平缓的语调讲。

如果不可避免地要用到"我"时,要做到语气平和,既不要把"我"读成重音,也不要把语音拖长,要把表述的重点放在事件的客观叙述上,以免使听者觉得你自认为高人一等,觉得你在吹嘘自己。

第一章
所谓精准表达，就是让人觉得舒服

宁可犯口误，不可犯口忌

谈吐可以反映一个人的修养，与他人交流的时候，为了让谈话的氛围轻松和谐，必须注意说话的技巧、方式，不要犯了对方的禁忌，哪壶不开提哪壶。

生活中，有太多人说话不经过大脑，喜欢信口开河。这样的人难免会触犯别人的禁忌，给双方带来不必要的麻烦。因此，开口之前一定要三思，避免说错话。说话犯了别人的禁忌，多数是因为把自己看得太重，轻视了别人。

矮子面前不说短话，聪明的人不会去冒犯别人的禁忌，因为他们知道每个人都有不可触碰的心理底线。人际关系是双向的，你一旦冒犯了对方的禁忌，势必让对方感觉不舒服，这种心理上的不适感会影响其情绪，甚至会影响彼此的关系。

两名求职者到一家公司应聘，人事经理给他们出了一道测试题，具体内容是这样的：

"你和一个朋友驱车去沙漠探险，但是发生了意外，车子坏了。更糟糕的是，方圆几百里之内没有人烟，你们的通讯工具也收不到信号，无法向外界求救。这时候，你们身边有四样东西可供选择：刀、帐篷、水和绳子。考虑一下，选出适合自己的工具。"

第一位求职者选择了刀，而第二位求职者选择了帐篷和水。人事经理问："这些工具对你们来说是不是很重要？"

第一位求职者说："是的，刀对我很重要。在沙漠里，我要确保人

身安全，有一把刀在身边会让人很安心。"

第二位求职者说："在沙漠里，帐篷和水对我们来说是最重要的，刀也许应该排在最后一位。"

人事经理好像对第二个求职者的答案更感兴趣，问他为什么这样选。他说："帐篷是休息用的，水可以维持我们的生命……"

其实，人事经理并不太在意他们的选择，不过通过两个人的话，可以发现第一个求职者过度强调自我，犯了以自我为中心的忌讳。第二个求职者多次提到"我们"，而这次招聘的职位需要很强的团队协作能力，所以他自然被录取了。

与他人沟通的时候，千万不要触碰对方的禁忌，以免引起对方的抵触心理。一个特别会说话的人并非有多么华丽的辞藻、多么深厚的沟通技巧，而是谙熟谈话的心理禁忌，知道该说什么、不该说什么。

南风效应：说话一定要有"感情"

南风效应，源于法国作家拉·封丹的一则寓言：

北风和南风都认为自己在风的家族中是最强的，因此它们经常比威力，看谁能把行人身上的大衣刮掉，以此定输赢。首先登场的是北风，一股冷风吹来，凛冽刺骨，行人把衣服裹得紧紧的；北风过后，南风缓缓走来，顿时风和日丽，行人将裹在身上的大衣脱掉。南风获得了胜利。

"南风效应"给我们的启示是，在处理人与人之间的关系时，要讲究方法。北风和南风都想使行人脱掉大衣，但由于方法不一样，结果大

第一章
所谓精准表达，就是让人觉得舒服

相径庭。

在人生路上，每个人都会遇到痛苦，怎样做才能帮助他人走出痛苦？答案是设身处地地为他人着想，站在他人的立场上考虑痛苦对其造成的影响，感同身受地劝慰他人。

如果只是说几句华而不实的漂亮话，没有真挚的情感，也只能是欺骗他人的耳朵，永远也得不到他人的心。

亚里士多德曾说："说服是通过演讲使听众动感情而产生效果的，因为我们是在痛苦和欢乐、爱和恨的波动中做出不同的决定的。"安慰他人，是因为他人正处在愧疚、自责、害怕、焦虑等负面情绪中，对他人的劝慰就要讲求方法与技巧。正处在痛苦中的人，会对所有人产生防备心理，他们将自己包裹得严严实实，不想让任何人碰触。如何让对方卸下心中防备的"盔甲"呢？那就是动之以情、晓之以理，让对方心服口服，再有就是说话讲重点，有亲和力。还有就是要向对方暗示，自己不是敌人而是朋友，以朋友的身份嘘寒问暖，给予帮助和关心。

当你想要安慰一个人的时候，应设法通过现身说法、典型事例、利害关系等的强烈对比去感染和警醒对方，使他领悟。要安慰他人，先要了解使他痛苦的是什么、为什么会痛苦，然后对症下药攻破对方的内心世界，一旦对方的内心防线被攻破，那我们的安慰就初见成效了。

著名数学家苏步青上小学时，成绩不是很好，还经常逃课，年年期末考试都是倒数第一。一次，他又逃课了，老师找到他，说："你不读书，别人怎么会看得起你呢？如果你考前几名呢？我给你讲讲牛顿的故事吧。牛顿小时候也生活在农村，到城里念书时成绩也不好，同学们都欺负他，瞧不起他，一次，一个成绩名列前茅的同学故意把他打趴在地上，他凭什么这样欺负牛顿呢？就是因为平时成绩比牛顿好，身体也比牛顿壮。如果换作平时，牛顿不敢惹他，可这次，牛顿猛地跳了起来，将欺负他的同学推到了墙角。顿时，那个同学被吓坏了，因为他从未见过牛顿如此勇猛，不由得惊慌失色，低头向牛顿认错，以后再也没有欺负过牛顿。从这件事情上，牛顿得到了启发，要用骨气捍卫自己，要拼搏向上。自此以后，他发奋学习，终于考了全班第一名。"老师的这番话，点醒了苏步青，使他的心灵受到了极大的震动，从此开始努力学习。

苏步青的老师没有对他拍桌子，或者是对他进行体罚，而是采用和风细雨式的教育，润物细无声地说服了他，并收到了很好的效果。

对人关心和体贴，最重要的是要让对方感到温暖。说话的内容和方式相当重要，尤其在安慰、激励他人时。人家凭什么听我们的意见？这就需要我们拿捏好这个尺度，用温暖的语言融化他们冰冷的心，体贴的话会换来友爱，也会换来真诚。把话说得恰到好处，往往能够使你少走弯路，更容易成功。

第二章

精准表达，让你在交际中如鱼得水

会说话的人在社交活动中游刃有余，是因为他们谙熟人性、心理，在客套中令人愉悦。不会说话，人见人烦，别人就会与你处处为敌，想要干点事情自然难上加难。有人的地方就有矛盾，有交谈的场合就有争论，一旦遭遇冷场，你知道自己应该说些什么吗？说话必须要有"暖心术"，话说对了，走到哪里都有好人缘儿。

第二章

精准表达，让你在交际中如鱼得水

聪明人懂得何时张嘴、何时闭嘴

世界上讨好人最简单、最廉价的方式就是说赞美的话。聪明人懂得何时张嘴、何时闭嘴，懂得如何在恰当的时间、以恰当的方式、用恰当的语言来表达自己的意愿。优雅敏捷的谈吐是聪明人制胜的法宝，有技巧的说话方式是聪明人成功的武器。

一次，王颖和肖欣作为公司的销售员与销售经理一起陪客户吃饭。这个客户是个大客户，要是能将其拿下，能给公司带来丰厚的收益，对促成此事的员工公司自然也会给予丰厚的奖励。

王颖和肖欣都曾获得过年度销售冠军，这次生意是否谈得拢，也关乎着她们本年度的销售成绩。两位美女晚宴前都精心打扮了一番，目的就是给对方留下好印象，促成这单生意。

酒桌上大家聊得很开心，突然，这个大客户问道："你们有谁知道三纲五常中的三纲是哪三纲呢？谁能答出来，我就立即和谁签合同。"话音刚落，大家还没来得及思考，王颖便起身自信地说道："三纲即妻为夫纲、子为父纲、臣为君纲。"

大客户用疑惑的眼神看着王颖，王颖已经知道自己说错了，但是再解释又怕客户说自己掩饰错误。她不由得在心里埋怨道："都怪自己太着急了，要是想清楚再说就好了。"

肖欣看出了王颖的尴尬，于是拿起手中的酒杯，对客户说："您别介意，我同事说的是现代社会的'三纲'。如今女人在家中操持家务，

掌管'财政大权',难道不是妻为夫纲?孩子是家中的希望,父母总是把最好的留给孩子,岂不是子为父纲?人民是主人,领导干部是人民的公仆,那么臣为君纲也是合乎情理的呀!况且先治理好自己的小家,才能发展好'大家'呀!我同事有点儿紧张,所以我替她解释一下,如有得罪之处,还望谅解,这杯酒我敬您了!"

客户听罢喜笑颜开,当场就签下了这笔大单子。肖欣给公司争取到丰厚的利润,得到一大笔奖金,而感到羞愧的王颖也十分感谢肖欣为自己解围,认为肖欣获得奖金实至名归。

王颖是勇敢的,但是勇敢的背后缺乏一点儿机智,面对尴尬的场面不知如何找台阶下,幸亏有肖欣的解围,才化解了尴尬。聪明人不仅要懂得什么时候张嘴说话,还要懂得什么时候闭上嘴巴,不乱说话。

首先,观其色,察其言,根据对方的情绪决定是否说话。当对方情绪不稳定的时候,最好不要说话,这时说话只会让对方更加反感。情绪是可以通过表情、语言表现出来的,聪明人都是善于观察的,所以,在说话之前一定要搞清楚状况。

其次,当自己有负面情绪的时候,一定要闭上嘴巴。人的情绪会通过语言表达出来,心里有情绪的时候最有可能出口伤人,所以,当我们情绪不稳定的时候,一定要三思而后行,考虑过后再开口。

最后,加强自身修养。自身修养是我们说话的基础,如果一个人修养不高,出口就是脏话,还不如不说话。

请先说出你自己的错误

如果你能勇敢承认自己的错误,那么不仅能赢得别人的尊敬,还可

第二章

精准表达，让你在交际中如鱼得水

以增加别人对你的信任。

在批评别人之前，应该先审视自己是不是十全十美。如果你尚且不能规避错误，那又有什么资格去指责别人呢？

德皇威廉二世高傲自大，从不把别人放在眼里。他逐步组建陆军、海军，想进攻周边的国家，称霸全球。为了实现自己的野心，威廉二世说了一些不着边际的话，令整个欧洲都为之震撼。更糟糕的是，当他访问英国时，竟然把这些自傲、荒谬的言论向英国公众发表出来，其原文刊登在《每日电讯》上，这件事震惊了全世界。

威廉二世说，自己是唯一对英国人友善的德国人，之所以大张旗鼓组建海军是要用来应对日本的威胁。他表示，只有借助自己的力量才能使英国不屈服在法国、俄国的威胁之下。

在欧洲100多年的和平时期，从没有哪个国王说过这样惊人的话。当时，整个欧洲一片哗然，人们骚动起来。英国人对此表示了强烈的愤怒，并要求威廉二世道歉。德国的政治家们也颇感紧张，完全没料到一国君主会说出如此不负责任的话来。

德皇在各国的骚动中也意识到了事态的严重性，手足无措之际，他向布洛亲王暗示，让其代为受过。换句话说，就是让布洛亲王宣称那一切都是自己的责任，与威廉二世无关。

令德皇没有想到的是，布洛亲王婉拒了这一要求，他说："陛下，恐怕如今的德国人和英国人都不会相信是我建议您说那些话的。"布洛亲王说完这句话，立即意识到自己犯了一个无法弥补的错误。果然，德皇大怒，咆哮道："你以为我是一头笨驴吗？连你都不至于犯的错我却犯了。"

布洛亲王知道，此时的德皇无论如何都不会承认错误。他决定采用其

他的办法,结果,奇迹出现了。

布洛亲王恭敬地对德皇说:"陛下,我绝对不是那个意思,陛下在很多方面都比我强,比如海军知识方面、自然科学方面。陛下您每次谈到风雨表、无线电报这些科学原理时,我总是感到羞愧,因为我对这些知识一无所知,对自然科学一窍不通,对化学、物理更是全然不懂。就连平日里最普通的自然现象我也无法做出科学合理的解释,我知道的只有那一点点可怜的历史知识和一些政治上的琐事。"

当布洛亲王说完这些话,德皇脸上有了笑容。布洛亲王主动示弱并认错,抬高了德皇,贬低了自己,一番称赞更是让对方忘记了愤怒。经过布洛亲王的诚恳解释,德皇宽恕并原谅了他,说:"我不是经常跟你说嘛,我们之所以能够闻名四方,得益于你我之间能够坦诚相见、互帮互助。以后还需要不断地精诚合作,我非常愿意这么做。"

不难发现,布洛亲王通过对德皇的称赞解救了自己。正是因为他先承认了自己的错误,说了一些放低自己、称赞对方的话,才把盛怒中的德皇变成了朋友。如果我们把这样的说话技巧用到工作、生活中,也一定能有意想不到的收获。

当然,承认错误需要勇气,特别是当你正在气头上时。而一旦承认了过错,你会获得极大的回报,除了不再有罪恶感和自我防卫的压力之外,还能消除因错误而带来的许多困扰。

引发心理认同感,与对方惺惺相惜

与陌生人交谈是交际中的一大难题,处理得好,双方可以一见如故、相见恨晚;处理得不好,双方只能四目相对、局促无言。

第二章

精准表达，让你在交际中如鱼得水

从心理学角度看，共同的兴趣爱好能将人拢在一起，共同的目标和志向能使人走到一块儿。在与陌生人交谈的时候，能不能让对方产生一见如故的感觉，关键就在于能否找到与对方的相同之处并引发其心理认同感。

对于不易说服的人，最好的办法就是设身处地为对方着想，体会对方的情绪和想法，理解对方的立场和感受，与对方惺惺相惜。只有这样，才能了解对方的心理，并迅速与其建立友谊。

某保险公司的陈小姐通过电话预约到刘先生家对其进行访问。她一进门，便开门见山说明来意："刘先生，我这次来是想让您买一份保险。"

没想到，刘先生张口便说："保险是骗人的勾当！"

陈小姐听了有点儿吃惊，却没有生气，她微笑着说："噢，这我还是第一次听说，您能给我讲讲吗？"

刘先生说："假如我投保4000元，这4000元现在还可以买一台不错的电脑，而20年后领回的4000元，恐怕连一台彩色电视机都买不了。"

陈小姐好奇地问："那是为什么呢？"

刘先生答道："如果遇上通货膨胀，物价上涨，货币就会贬值，钱就不经花了。"

陈小姐又问："那您认为，20年后一定会出现通货膨胀吗？"

刘先生思索片刻说："不好说，但从最近两年的情形来看，有这种可能。"

陈小姐再问："还有其他因素吗？"

刘先生支吾了一下说："比如受国际市场的影响……"

通过以上问话，陈小姐对刘先生的顾虑已基本了解，她开始认同刘

先生的观点:"您的见解有一定的道理。假如物价急剧上涨20年,4000元不要说买彩色电视机,恐怕只够买两棵大白菜。"

刘先生听到这里,心里很高兴,但接下来,陈小姐给刘先生解释了影响当前物价的因素,分析了我国现在不会发生严重通货膨胀的理由,并指出以刘先生的才能和实力,收入可望大幅度提高。

陈小姐又补充道:"即使物价有稍许上升,有保险总比没有好。况且我们公司早已考虑了这些因素,顾客的保险金是有利息的。当然,我这么年轻在您面前讲这些,实在是有点班门弄斧,还望您多多指教……"说也奇怪,经她这么一说,李先生面带笑容,并最终投保。

陈小姐推销成功的秘诀就在于,她能够站在对方的立场上来思考问题,发现对方的兴趣、要求,而后再进行引导,动之以情、晓之以理,引发对方的心理认同感,使对方产生惺惺相惜的感觉。

美国汽车大王福特曾说:假如有什么成功秘诀的话,那就是设身处地替别人着想,了解别人的态度和观点。因为这样不但能得到对方的理解,而且能更为清楚地了解对方的所思所想及其"要害",可以让自己在沟通中做到有的放矢。

要想做到这一点,需要我们在与人谈话时,随时观察对方的脸部表情、态度,以确定"对方对这个话题是否感兴趣""我说这些话是否会引起对方不愉快"……只有站在对方的立场上,引发其心理认同感,才能与之惺惺相惜,才能使对方欣然接受我们的观点,与我们建立信赖关系。那么,如何才能引发对方的心理认同感呢?

(1)如果我是你,我也会这样做。

当对方说出自己的决定时,我们应该强调对方这种做法的合情合理性,了解对方现在的心理矛盾,以感同身受影响其心理,巧妙地说服对方。

（2）您的话有一定道理……

当对方表露出与自己全然不同的想法时，你应该以认同的口吻说"您的话有一定道理……"强化对方想法的正确性，从对方的角度，再进行积极引导，从而达到影响其心理的目的。

（3）同是天涯沦落人。

相同的经历会有相同的感受，有相同的感受自然会惺惺相惜，我们要巧妙利用同理心，以此引发对方的心理认同感。比如："你以前在广东工作过？我早些年也在广东工作过。""咱们女人真是不容易，既要照顾家庭，又要照顾孩子。"

（4）咱们都是一家人……

仔细观察对方，你总能找到与其相似之处，然后传递出"咱们都是一家人……"这样的信息，通过同理心来影响对方。比如："刘姐，您是河北人啊？太巧了，我也是河北人。"

别轻易说"这事没问题"

朋友有事相求，人们习惯拍着胸脯说"这事没问题"。然而，现实往往不可控，只顾着承诺而忽视个人实力，或者遭遇意外，最终没有帮到朋友，会让双方都很难堪。

凡事不要轻易作出承诺，尽量不说"这事没问题"之类绝对的话。说到底，互相帮助是人际交往中的友善相待，而不应成为作茧自缚的囚笼。

聪明人既能看到现在，也能预测未来，会给自己留更大的回旋余地。因此，他们不会轻易作出承诺，总是经过认真思考后再做决断。在接受别人委托的时候，他们尽量不说"这事没问题""包在我身上"等非常

肯定的话，而是用"我试试看""我尽力而为"给自己留点余地。

一位高校的系主任对本系的青年教师承诺，会让三分之二的人评上中级职称。但是，他在向学校申报职称的时候出了问题，学校表示无法给他们那么多名额。虽然系主任反复努力争取，但是校长还是回绝了。

系主任碍于面子，不愿意将实际情况说出来，便对教师们说："你们放心吧，我既然做出了承诺，就一定会做到。"

不久，职称评定结果公布，大家非常失望，对系主任强烈不满。有的教师甚至当面指责系主任："主任，您明明答应了我这次可以评上职称，怎么现在是这个结果？"与此同时，学校领导也指责该系主任是"本位主义"。此后，这位系主任的威望一落千丈，校领导也对他失去了信任。

在人际交往中，客套话不能少，但是要正确区分客套与承诺。不随意对他人许诺，是为人处世应有的智慧。虽然良好的期望让人愉悦，但没有实现的承诺终究会让人失望，最终伤了对方的心。

当有人委托你做某件事的时候，千万不能不加思考就立即答应，而应该冷静思考一番，想想这件事自己究竟能不能办到、办好。将自身的能力、事情的难易程度和外部客观条件联系起来，认真考虑后再做决定。

有多大能力干多大事，无法做到就不要许诺。倘若一个人总是盲目地许下承诺，却都无法兑现，势必给人留下不好的印象，带给人无限失望。

把话说得圆满，把事办得周全，确实考验一个人的能力。聪明的人热情帮助他人，对举手之劳的事情会鼎力相助，但如果无法给予他人有效的帮助时，他们会主动说明实情。与其日后令人失望，不如一开始就不许诺。

第二章

精准表达，让你在交际中如鱼得水

说点儿应酬话好办事

人们都喜欢被宠着、被惯着，都希望能够受到他人的高贵礼遇。因此，无论与陌生人相处，还是面对熟识的人，说点儿应酬话是拉近彼此关系、活跃气氛的必要手段。

日本有一所医学院，学生们要学习"病人应酬学"长达六个月。因为在日本做医生，除了掌握知识、技术，还要掌握一套与病人相处的应酬术。

显然，病人最信赖"好"医生，那么"好"的标准是什么呢？除了过硬的技术，医生还应该应酬得法，充分掌握病人过去的疾病、家庭的健康状态、最近的状况等。而这一切都需要从病人口中得知，这就需要医生善于和患者打交道。

在一个牙科诊所，有三个专科医生，显而易见，三个人有三种应酬病人的方法。

第一个医生根本不和病人说话，他板着脸，病人一坐下，他便不由分说把病人的坏牙拔出。当然，他不会拔错牙，因为他的技术十分高明。

第二个医生："很痛吧？我想您要稍微忍耐一下，过一会就好了。"接着，他拔去病人的坏牙。显然，这位医生是一个"同情者"，病人得到了一些安慰，但是也有一点点恐惧。

第三个医生："什么？上周就开始疼了？对了，这样就不会痛了！"他一面说着，一面动手拔去病人的坏牙，病人根本没有感觉到紧张和疼痛。

不用说，顾客对第三位医生的印象比较好，第二位次之，第一位则最差。之所以出现这种情况，是因为第三位医生懂得病人的心理，并善于化解他们的紧张，这就是医学上的一种应酬术。

应酬必须以人性需求为基础，把握人们的心理诉求。别人听着顺耳、看着顺眼、感觉顺心，才会认同你，进而主动提供帮助，或者发展合作关系。

第一，准确把握对方的性格特征。

汽车大王福特说过一句话："假如有什么成功秘诀的话，就是设身处地替别人想想，了解别人的态度和观点。"性格外向的人易于"喜形于色"，与其相处时你可以侃侃而谈；性格内向的人多半"沉默寡言"，与其相处时你就要委婉表达、循循善诱。

第二，了解对方的人生经历和生活状况。

两个人是否交流顺畅，在于双方的价值观、思维方式等是否有相似之处。跟一个生活没着落的人大谈高尔夫球、环球旅游的乐趣，他肯定提不起兴趣。所以，了解对方的经历与现状，了解对方当下真正关心的问题，才能确定自己该说什么、不该说什么。

重视对方，牢记对方名字并喊出来

人们都渴望得到他人的尊重。在日常交往中，如果我们记得别人的名字，很容易让别人对我们产生好感，进而更容易收获友情、达成共识、得到新的合作伙伴，还能提升我们的人格魅力。

生活中，有很多这样的场景：两个多年未见的朋友偶然相遇，因喊不出彼此的名字，顿时陷入尴尬的境地。第一时间喊出别人的名字，是对他人的尊重，有利于拉近彼此的距离，从而进行深层次的交流。

第二章

精准表达，让你在交际中如鱼得水

有些人天生记忆力好，看书、阅人过目不忘，但这样的人毕竟只是少数，大多数人很难做到过目不忘。

拿破仑是一位卓越的军事天才，他有一项特殊的本领就是能叫出手下全部军官的名字。闲暇时，他喜欢走访军营，遇见某个军官时，他直接就喊对方的名字，并打招呼。拿破仑不仅关心战事，还经常询问士兵的家庭情况。拿破仑的这种做法，让每个军官都对他忠心耿耿，甘愿效劳。

能够像拿破仑这样记住所有军官名字的人少之又少，但我们可以有意识地学习这一技能，这会使我们在人际关系和社会活动中占有优势。姓名是一种代号，是证明我们区别于他人的一种标志，每个人对自己的姓名都很珍爱、重视，也希望别人能够记住并尊重它。因此，当自己的名字被别人叫到时，就会认为自己受到了重视，心里自然会感到愉悦，对称呼自己的人也会有亲切感。

善于交际的人在与人寒暄时，不会只是问候一句"您好"，而是在"您好"前面或后面加上对方的名字，这样做起到了很好的心理暗示作用，会让对方认为自己受到了重视。就像我们对久别之后仍能一下子叫出自己名字的人，总是感动万分、钦佩不已。

记住他人的名字很重要，无论我们和谁打交道，只要我们能记住对方的名字，并喊出来，首先就赢得了对方的好感和尊重，更重要的是也为接下来的继续交往打下了坚实的基础。

美国著名人际关系学大师、西方现代人际关系教育奠基人戴尔·卡耐基在讲到"如何使人喜欢你"时，列出的原则里面就有这样一条："记住一个人的姓名，把它当作最甜蜜、最重要的声音。"这句话可以理解成，

我们将对方的名字记住,当再次见面的时候,轻松喊出来,便相当于给了别人一个很巧妙,而又十分有效的赞美。如果我们忘掉或者记错了别人的名字,那就难免会陷入被动。其实,在记别人的名字时,我们可以采取一些特别的方法帮助我们记忆,比如谐音、联想等方法,这样既容易记住,又印象深刻,不易忘记。叫响别人的名字,是所有语言中最动人的,也是能给对方留下深刻印象的简单方法。

第三章

表情+动作,你的话可以更有感染力

心理学研究表明:一个人向外界传达信息时,表情、动作等非语言成分占55%,说话、声调只占45%。所以,说话时请不要忽略你的肢体语言,它们能让你的表达更完整、更富感染力。

说话+动作+表情，更具感染力

会说话的人举手投足、一颦一笑都不是随意的，都在向外界传递信息。我们的思想感情、爱憎好恶和文化修养，通过这些行为自成体系，像有声语言那样具有一定的规律，并具有传情达意的功能。

达·芬奇曾说："从仪态了解人的内心世界、把握人的本来面目，往往具有相当的准确性和可靠性。"与人沟通时，我们是否真诚，或者对方是否对我们的话题感兴趣，都可以通过仪态表现出来。得体的举止，往往比语言更让人感到真实、生动。如果一个人说话时没有动作和表情，会显得很拘谨，不过过多或过于夸张的动作和表情也会让人生厌，自然的动作和表情会令沟通更加自如。比如，微微一笑表示欢迎，皱眉表示不满，点头表示同意……

杨澜在1990~1994年担任中央电视台《正大综艺》节目的主持人，在节目最火的时候，她选择了去美国求学。很多人觉得她离开中央电视台很可惜。后来，有位记者在采访她时问："放弃已经打拼出来的一片天地，会不会觉得太可惜？"杨澜回答道："我觉得我不擅长做综艺节目。我既不会唱歌，也不会跳舞，更不会演小品。只有一次和赵忠祥老师合作演魔术，叫什么大变活人，还没走出去呢，就被别人认出来了，魔术的效果一点儿没有。所以我想，我真是没有什么艺术天赋，我还是老老实实做自己能做好的事吧。"

接着，杨澜又说："作为记者和访谈节目的主持人，我也许还有一个优势，就是容易和别人交流。在与人交流时，你对对方是否有兴趣，

对方是完全可以察觉到的。你的一举一动、你的眼神都在建立一个气场，我能建立这样一个气场，所以适合做访谈节目。"

与人交流时，动作和表情表现得恰如其分，可以使语言交流更顺畅。

人内心的情感变化，完全可以通过面部表情和肢体语言表达出来。所以在说话时，一定要多注意手势等肢体语言的表达，避免错误的手势传达错误的信息。另外，还要通过面部表情来表达自己内心的感受，比如渴望、需求等。动作和表情辅助语言进行情感表达和信息传递时，更容易吸引别人的注意力。

在人际交往中，想要说话、动作、表情得当，应注意以下几点：

（1）对表情和动作的要求。

有的人说话时，动作生硬、刻板木讷；有的人则刻意表演，姿态做作，像在背台词，这都会使人觉得不真实而且缺乏诚意。

（2）表情和动作简单精练。

举手投足要符合一般生活习惯，易于被人们看懂和接受，不要搞得烦琐复杂、拖泥带水，否则，不仅会喧宾夺主，妨碍语言的正常表达，还会使听的人眼花缭乱，不知所措。要注意改正不良习惯，多余的表情和动作必须克制。

（3）不宜使用频繁，要适度适宜。

所谓适度，就是要求动作要适量，以不影响听者的注意力为度。所谓适宜，即要求动作必须与说话内容、情绪、气氛协调一致，不要故作姿态、故弄玄虚甚至手口不一。

（4）要生动有活力。

生动是对表情和动作的细节要求，只有生动的表情和动作，才能艺术地表情达意，才能给人以美感，从而产生感染力和征服力。灵活运用表情和动作技巧，充分展示其表情达意的活力，能够取得更好的表达效果。

让动听的声音增强语言魅力

在谈话中，声音发挥着独特的作用，梁实秋在《谈话的艺术》中提到了声音的重要性："谈话的声音和腔调因人而异，有的人犹如破锣，有的人就像公鸡，有的人行腔使气有板有眼，有的人回肠荡气如怨如诉……声音之大小需要一些控制，如果一开始就血脉贲张，声振屋瓦，不久就会声嘶力竭，气急败坏，此大可不必。"

由此可见，说话的声音不同，会让听众产生不同的感受。当众讲话的时候，为了让声音感染听众，需要对音量的大小、语速的快慢、语调的高低进行调节，充分展示你的声音魅力。当众讲话的时候控制不好音量、语速、语调，大致有以下几种情况。

首先，音量过低，说话含糊不清，听不清在说什么；音量过高，虽然清晰度达到了，但是可能会让听众产生焦躁感。所以，当众讲话的时候要根据讲话的内容、现场环境等因素调节声音的高低。

其次，语调缺乏变化，整场讲话都是一个语调，缺乏抑扬顿挫的美感，令人提不起兴趣。这样的讲话没有感情，无法调动听众的积极性，效果自然大打折扣。

再次，语调变化过快，忽高忽低，忽快忽慢，没有根据说话的内容进行过渡，变化太过突兀。这样的讲话会让听众无法适应，让人心理上不舒服。

最后，语速过快或者过慢，不符合一般的说话习惯。讲话的语速应

该根据内容进行调节，比如，伤感的内容语速可以慢一些，激励的内容语速可以稍快一些。有些人讲话的时候不考虑内容，就像赶场一样，语速过快，让听众反应不过来，这显然需要改进。

当然，这只是比较常见的几种情况，其他情况需要读者根据具体情况随机应变，这里就不一一介绍了。

经验表明，富有魅力的声音更能吸引听众的注意力，有助于表达观点。增强声音的魅力需要长期训练，需要付出努力。平时多注意以下几点，有助于增强声音的共情能力。

第一，第一句话音量不可过高也不可过低，语速也应该适中，一定要让听众感觉舒服，这样才能吸引大家继续听下去。

第二，根据说话的内容对声音进行调节。声音的高低、语速的快慢、语调的变化都要根据内容做调整，这样更能以情感人。

第三，根据现场环境决定声音的大小、高低等。比如会场大，声音就应该提高一些，以免后面的人听不见；会场小，就把声音降低，以免声音过高让听众感到焦躁。

第四，根据听众的年龄调节说话的声音。如果对象是长者或上级领导，讲话的声音可适当高一些，语调起伏要放缓，这样显得比较庄重，也显得谦虚谨慎。如果对象是年轻人，讲话的音量可以适当高一些，语调也可以活泼一些，这样可以显得更有活力，让听众产生共鸣。

如何正确运用手势

社会交往中，为了清楚明了地表达自己的意思，手势成为不可或缺的辅助工具。

根据手的动作范围手势有三个活动区域：上区为肩部以上，多表现

第三章
表情+动作，你的话可以更有感染力

宏大、积极、张扬的、有气势的、鼓舞人心的内容和感情，在演讲、辩论中应用较多；中区为肩部至腰部，多用于一般性的叙述和说明事理，表现坦诚、平静、和气等中性意义，这是用得最多的一个区域；下区为腰部以下，多表示憎恶、不悦、不屑、不齿、排斥、否定、压抑等贬义。

俗话说："心有所思，手有所指。"当我们紧张、兴奋、焦急时，手都会有意无意地表现出来。使用手势的目的，是为了加强语气、强调内容，从而增强说话做事的效果。但我们说话时打手势，也不能随心所欲，而应该与我们谈话的内容息息相关。

手势能够增强谈话的吸引力，潇洒的手势，给人美感，让听众感受到的是协调与舒适。说话过程中机械、重复的手势，会让听众觉得说者的话索然无味。在讲话过程中，手势过多，两句一招、三句一式，会令人眼花缭乱，不知道哪里是重点；手势过于夸张，会让人觉得不自然。

美国印第安纳大学的贾纳·艾弗森博士和芝加哥大学的苏珊·戈尔丁梅多博士做过这样一个实验：他们对一些天生失明的青少年进行了测试，发现他们在说话时也运用手势，而且使用手势的频率及意义与视力正常者大体相同。由此他们得出，使用手势并不是后天形成的，也不是为了传递语言之外的附加信息，手势是我们说话时，大脑活动的一种自然反映，它本身就是言语的一部分。通过打手势，说话者表达的意思会更完善，思维活动也会更活跃，从而使表达更加有效。

不要以为双手安静地放着不动显得很笨拙，真正笨拙的表现是说话时无节制地手舞足蹈。之所以会这样，一方面是为了掩饰内心的紧张和不安；另一方面是为了加强语气，但方法不得当，反而给人轻浮或狂妄的印象。

要恰当地使用手势,首先要了解使用手势的要求:

(1)手势的使用要准确。

在人际交往中,手势是信息传递和情感表达的纽带。准确使用手势,能够使大家对说话者表达的意思理解更深刻。比如,当我们要表达"我们一定要把改革开放坚持下去"时,配合语言举起右手掌,由右上方向左下方劈下,并在句尾的"去"字顺势握成拳头,会显得有力而果断,给人以信心和力量。

(2)手势的使用要规范、合乎习惯。

比如介绍的手势、指示方向的手势、请的手势、鼓掌的手势等,都要符合约定俗成的规范,不能乱用,以免产生误解,引起麻烦。

(3)适度使用手势。

虽然在交流中使用手势能够为语言表达锦上添花,但不是手势运用得越多效果就越好,滥用手势或使用过多,会让人产生反感。手势动作,不管是哪一种,都要做到有感而发,准确、自然、优雅而不生硬,一定要从实际出发,使动作恰当而准确地表情达意。

我们还应避免错误手势的使用,比如:

不要用手指指别人,这是对别人的不尊重,如果想要表达意思,应该用手掌。

不要头枕双手,这种行为是暗示有些疲惫,不想再谈,对当前话题不感兴趣。

不要摆弄手指,显得无聊,不重视对方。

不要抓耳挠腮抚弄身体,比如摸下巴、揉眼睛、咬指甲、抓痒等。

在与人交流中手势不可过多、幅度不宜过大,更不要手舞足蹈,手势要控制在一定的范围之内。

说话时，你注意过自己的表情吗

表情是无声的语言。研究表明，人的面部能做出的表情多达25万种之多，表情丰富，能够促进人际交往顺利进行。语言和表情的良好结合，会使沟通效果更理想。

弗洛伊德曾说："所有凡人都掩盖不了自己，如果他口唇静止，手指在轻轻击节，则秘密就会从他的每个毛孔中流溢出来。"一个会说话的人，吸引听众的不仅是他的口才，还有他的表情。

我们在工作和生活中必定遇到过如下场景：有的人说话，听者全神贯注，还不时点头回应；有的人说话，听者会开小差，甚至不耐烦地起哄。为什么会出现这样的情况呢？有诸多原因，比如说话的内容听者不感兴趣，或是说者与听者没有互动等。其中有一个重要的原因，就是说话的人是否善于运用表情。有些人说话，表情丰富，还不时配合着肢体动作，这就是"有声有色"；有些人说话，目光呆滞，只是嘴唇在动，其他部位僵硬静止，显而易见，大家更愿意听后者说话。

提到卓别林这个名字，大家肯定都不陌生，而且脑海中立刻会浮现他的形象：穿着一条鼓囊囊的裤子和一双大皮鞋，拿着一根手杖，戴一顶圆形礼帽，嘴上长着一撮小胡子，迈着鸭子步走路……他没有使用语言，而是用精湛的哑剧技巧、完美的银幕形象成为举世闻名的喜剧明星。

哑剧并不是用语言表达情感，而是用身体。如果演员的表情和肢体语言训练得不够纯熟，将达不到传达情感的目的。

一个会说话的人，不只是嘴动，身体的其他部位也会跟着一起动。眼、手等的动作能体现说话者的情绪，向听众传递相应的信息，从而赢得他们的好感。而那些失败的说话者，他们说话时也会运用表情和肢体语言，但效果却适得其反，听众对他的话提不起兴趣，甚至会产生厌恶感。

正是因为丰富的表情，人们才可以"察言观色"，进而了解他人的内心世界。但有些情绪却需要掩饰，比如说在生意场上，就要掩饰急躁、不耐烦的情绪，如果一旦被对方窥破，将会被认为没有诚心合作，从而使信誉度受损，可谁知道你仅仅是想早点结束会面去参加宴会？

许多时候，人们会"面无表情"地跟你对话、交流，不肯轻易露出自己的想法。这么做通常有三个理由：一是敢怒而不敢言，另一种是漠不关心，第三种是根本没有把你放在心上。也可能结果正好相反，只是对方不愿意让你看出来而已。

法国生理学家科瑞尔曾说"脸反映出了人们的心理状态"，"脸就像一台展示我们感情欲望、希冀等一切内心活动的显示器"。伟大的启蒙思想家狄德罗则指出："一个人心灵的每一个活动都表现在他的脸上，刻画得很清晰、很明显。"他们说的这些，都强调了表情的重要性。通常，一个人内心的真实感受都能通过脸上的表情表现出来，因此有时人们更加看重脸部表情而不是语言的内容，因为表情是"未经反省"的自发性反应。

肢体动作能增强语言的感染力

在日常沟通中，有超过一半的情感表达依靠肢体语言，连拥抱或拍肩膀这样简单的肢体动作，都是向外界传递信息的表现。肢体语言又称

第三章
表情+动作，你的话可以更有感染力

身体语言，通过身体的各种动作，代替或者辅助语言达到表情达意的沟通目的。

在面试现场，刘娜紧张地准备着，旁边一个面相清秀的女生与刘娜竞争这一个职位。轮到那个女生面试了，她反应灵敏，美中不足的是语言不多，不敢与考官进行眼神交流，话语中不时流露出高傲的心态。

刘娜上场了，她时不时嘴角微微上扬，声音轻柔，双手落落大方地自然垂着，刚才的紧张感已经消失得无影无踪。她与考官交流的眼神中流露出谦逊的态度，这些微妙的肢体语言让她在面试中占了很大的优势，为她赢得了这个工作岗位。

肢体语言也是一种沟通形式，通过面部表情、眼神、手势、站立姿势和态度等表现出来。在大多数情况下，肢体语言是一种潜意识的行为，但肢体语言的表现力往往超过十句语言表达。

在一段精彩的讲话中，不仅要有连贯的语言，恰当的肢体语言也是不可或缺的。有的人说话时，绞尽脑汁，力求原创，不模仿、照搬他人的语言，效果却一般，同样的内容，有的人适时加上了肢体动作，比如一些有趣的手势，顿时就让说话内容变得生动有趣。

研究表明，一个人要向外界传达信息，单纯的语言成分只占45%，另外55%的信息需要靠肢体语言来传达，而且因为肢体语言通常是一个人下意识的举动，所以很少有欺骗性。正是因为说话时融入了肢体语言，才加强了讲话的感染力。

现实生活中，经常有这样的情形，当我们兴致盎然地说话时，对方却如木偶人，没有回应，让我们一下子没有了再讲下去的欲望。其实，在与人交谈的过程中，眼神交流、点头或摇头、手势等等这些肢体动作，

会帮助我们拉近与他人的距离。

柴静给观众的印象是：总是微微歪着头，满脸的认真，说话时语速不紧不慢，但是充满了力量。这是柴静作为一个职业记者的行为，对方能够从她的动作和眼神中，体察到她对当事人的关心。

中央电视台第10套《人物》栏目，曾对柴静做过一期专访。画外音这样描述柴静："在我们看到的156次采访中，柴静使用手的次数为138次；在我们看到的213次采访里，柴静的身体与地面呈45°倾角，她与采访对象距离最近的一次是12厘米；在我们看到的169次采访中，柴静流露出关切的眼神156次；在我们看到的124次采访中，柴静曾116次笑着问出了2320个尖锐的问题。"

这段描述透露给我们的，是柴静对被采访者的尊重和关切，她为被采访者营造了和谐的交谈氛围。柴静采访时的姿势，赢得了对方的信任，使对方打开话匣子，还原了事情的真实面目。

恰到好处的肢体语言会为我们的交流加分，在交流中懂得运用肢体语言，我们将受益匪浅。

第四章

心理暗示：用言语引导他人心理

现实生活中，说话时学会运用一些暗示技巧，对于说话之人，不仅能把道理有条有理地讲出来，而且能让听者不感到混乱。大多数人不是天生的语言大师，说话水平和技巧只能在学习中不断提高、在实践中不断增强，学习一些暗示技巧，可以帮助我们更自如地驾驭语言，更潇洒从容地与他人交流。

第四章

心理暗示：用言语引导他人心理

说话是一种清醒的催眠

语言的魅力我们或多或少都体会过，一句简单的话就可能打动人心，而最让人折服的，莫过于那些把持反对意见的人说得哑口无言、心服口服的人。说服一个人并非单纯的观念渗透，还需要配合一定的语言暗示，为的是让你的观点不知不觉地进入听者的意识里。

在许多情况下，我们都可以感受到来自语言的暗示，比如广告语对顾客的暗示作用，我们可能并不了解某产品，也没有使用体验，但却会因为具有暗示性的广告语对产品产生莫名的信任和好感。下面我们就用几个例子来说明语言暗示的作用。

假如你是一名手机销售人员，当顾客向你询问产品优势时，你会怎么开头呢？大部分人会使用这样的前缀"如果你使用这一款手机，你将会……"请注意"如果"这个词，它虽然也是给顾客营造一个想象中的体验空间，但并没有形成很强的代入感。

同样的一句话，换一个前缀就能产生截然不同的效果——"当你使用这一款手机的时候，它会大大提高你的相片清晰度，增强你的通话信号，你会习惯于它的操作系统……"一个"当"字成功地对顾客进行了一次清醒催眠，它不仅能让顾客产生很强的代入感，还能挑起顾客的占有欲，给顾客一种已经拥有了这部手机的感觉。

再比如，销售能手们喜欢用"我们来……"的句型刺激顾客的消费欲望。因为这种合作式的称呼会营造一种亲密感，顾客会觉得这是一个群体倾向的选择，而不是他个人的选择，有种"你""我"同一阵线的意思，而不是让顾客孤独地站在被动地位上。比如"我们来看看，今天

购买产品能得到哪些优惠"，就比直截了当地说"你今天购买产品会物超所值"有人情味得多，也有效得多。

除了巧用措辞之外，你还可以在话题的切入点上做足铺垫。当你试图吸引他人的注意力、博取他人的信赖时，要做到四个字——投其所好。比如了解对方的兴趣，作为交谈的突破口，首先让对方不排斥你，等到对方把你当成了同道中人，你给他的推荐和理由，他就会乐于接受。

再比如，了解对方的情绪。情绪是影响对方是否有意愿和耐心跟你交谈的重要因素，所以，积极的语言暗示可以把对方的情绪调动起来。凡此种种，都属于"说话催眠"，这些方法共同的目的就是使对方暂时放下自己的观念和想法，进入到你所描述的情境里，并最终接纳你的建议。

"容易被暗示"是人的心理特性，人们为了"趋利避害"会不自觉地使用各种暗示，以减轻痛苦，比如，人们在灾难面前会暗示自己"灾难马上就会过去，我一定可以活下来"；或者在追求成功时，鼓励自己"再坚持一下，成功就在眼前"。这些心理活动或者语言并不会对事情的进展起到任何实质性的帮助，但其暗示作用往往能让人们拥有强大的力量或勇气。

说话时如何运用"暗示"技巧

掌握"暗示"这一心理特征，能让我们更深刻地认识社会和人性，许多疑难问题也会迎刃而解。如何运用不伤和气的话语来巧妙暗示对方的不足之处呢？

委婉含蓄，巧妙暗示。委婉含蓄的语言表达是一种艺术，这种表达

第四章

心理暗示：用言语引导他人心理

方式比口无遮拦、直言不讳更能体现自己的修养。直言不讳虽然简单明了，但容易刺伤他人的自尊心，使他人产生不愉快的情绪，继而破坏和谐的人际关系。而委婉含蓄的表达则显得礼貌得体，使对方听起来轻松自在、心情愉快，也更容易接受。

直言直语伤人，何不绕个弯。一针见血地指出对方的缺点，杀伤力很强，尽管你的出发点是好的，但很容易让别人下不来台。如果你绕个弯，用言语的暗示提醒对方，效果远比直言直语好。

使用"是的……但是……"这个句式，对别人可以先肯定后否定。比如，一位职工在象棋大赛中得了冠军，但技术考核成绩却不理想，车间主任找他谈话时说："是的，你象棋比赛得第一，使咱们车间也感到光荣，但是，如果你在学技术时也有同样的钻劲和拼搏精神，技术考核成绩也会领先的，这就两全其美了。"对方在听到夸奖时产生了愉悦的心情，这意味着他已经"掉"入了你布好的局，而你也成功地影响了他的心理。

永远不说"你错了"。大多数人都具有武断、嫉妒、猜忌、傲慢等缺点，所以很难向别人承认自己的错误。如果对方真的错了，你想让他意识到自己的错误，也应该回避"你错了"这类词语。

其实，间接比直接更有效。在和他人交流时，我们有必要先通过语言暗示自己的真诚与友好，这样对方才会愿意听你说话，而我们才能够顺利引导对方的思路。

当话题展开后，我们要站在对方的角度，先认同对方的观点，博取其信任，再把自己的意见传达给对方，这样对方更容易接受，也更容易顺着你的思路去想。比如，"正如你所说的那样，他一点儿也不懂规矩，幸好遇到你这样的老板，否则早就被炒鱿鱼了。"在交谈过程中，要多使用"我和你一样"，没有什么比"我和你一样"更能引起对方情感上

的共鸣了。当对方认为与我们是情感相通的时候，自然会消除戒备心理，甚至愿意被你说服。

在现实生活中，只要我们稍稍留意便会发现这样一些有趣的现象。比如，与朋友品茶，刚开始并没有觉得这茶有什么特殊之处，但是当听到对方说这种茶如何好、如何来之不易后，再喝，就会觉得格外清香，诸如此类。这就是生活中最常见的心理暗示对人产生的影响。

见什么人说什么话，暗示也要因人而异

说话的人要有识人能力，对于不同的人，要有不同的说话方式。

人们都会受到心理暗示的影响。受暗示是人的心理特性，它是人在漫长的进化过程中，形成的一种无意识的自我保护能力和学习能力。当我们处于某种环境中时，无时无刻不被这个环境所"同化"，因为环境给我们的心理暗示让我们在不知不觉中学习。

只有依据不同的说话对象调整自己的言语，才能达到预期沟通效果。说话不看对象，不仅达不到沟通的目的，还会伤害对方。反之，了解了对方的情况，即使发表一些大胆的言论，也不会对对方造成伤害。

在小品《卖拐》里，范伟扮演的"伙夫"本来双腿正常，结果被赵本山扮演的"大忽悠"忽悠"瘸"了。范伟在接受BTV采访时说，这个小品的剧本是受一个故事启发：某病人胳膊摔断了，但是医生拿反了X光片，皱了皱眉说："你这个腿可全断了。"于是，这个本来胳膊断了的病人一下子就站不起来了。

这是典型的心理暗示案例，赵本山就是凭借暗示的方法，将范伟的

第四章
心理暗示：用言语引导他人心理

腿一步一步忽悠"瘸"，并让其挂上了双拐。语言的暗示会引发听话者内心自发的活动，所以在与人沟通时，我们要重视这一点，见什么人说什么话，让沟通达到最佳效果。

有人曾经做过"人工印记"的实验。用邮票大小的湿纸片贴到测试者的皮肤上，告诉他，贴上之后皮肤就会发烧。一段时间之后，揭去纸片，测试者的皮肤果然变红了。还有人将一块金属硬币放到测试者的手臂上，并说这块硬币刚在火上烤过，会把皮肤烫起疱来。没过多久，测试者手臂上硬币下面的皮肤果真"烫"起了水疱。

那些心智不成熟、没有自我的人，就容易被别人的暗示带着跑。这种人本身就有严重的依赖倾向，在这些人的潜意识中，就存在着接受暗示、接受控制、接受操纵的需要。由于这些人有严重的自卑感和不安全感，他们的内心往往会通过幻想制造各种神话，幻想着有法力无边的神可以接管他们、主宰他们的命运，为他们带来好运。

人们为了追求成功和逃避痛苦，会不自觉地使用各种暗示的方法，比如艰难困苦时，人们会相互安慰："快过去了，快过去了。"从而减少忍耐的痛苦。人们在追求成功时，会设想目标实现后是如何美好、激动人心的情景。这个美景就对人构成一种暗示，它为人们提供动力，提高挫折耐受能力，从而保持积极向上的精神状态。

总之，与人交谈不但要看对方的身份、地位，还要看对方的性格特点，针对对方的不同特点，采取不同的暗示方式，这样才有利于达成所愿。若对方性格豪爽，便可以单刀直入；若对方性情迟缓，则要"慢工出细活儿"；若对方生性多疑，切忌处处表白，应该不动声色，使其疑惑自消。

亲切寒暄能拉近心理距离

在人际交往中,人们出于本能往往会与交往对象保持距离,那么,我们怎样才能让彼此之间多一些信任和理解,拉近甚至消除距离感呢?

其实,迅速拉近心理距离并不难,只要你试着像那些成功的演讲家、谈判家一样,用亲切的寒暄开场,给人留下真实、热情的第一印象,就能提升亲和力,让人感受到你的平易近人。对方一旦感受到你的亲近和友善,自然从心底愿意与你交友,你们的关系也会迅速升温。

克林顿喜欢吹萨克斯,并且演奏得非常棒,可是一直苦于没有展示的机会。有一次,他在CNN(有线新闻网)发表总统竞选演讲时说:"有人问我除了会吹牛之外,还会吹什么?"随后,拿起藏在身后的萨克斯管,胸有成竹地说:"今天我要让大家知道,我还会吹这个。"

克林顿一连吹了几首名曲,人们听得很入神,现场气氛变得融洽起来。选民被克林顿的风趣逗乐了,也被他出色的演奏才艺所折服。就这样,克林顿借助风趣谈吐拉近了与选民之间的距离,获得了很多选民的好感和支持。

在社交活动中,亲切寒暄无疑是拉近心理距离的最好方法。如克林顿这样,在风趣开场之后还能展示个人才艺,无疑更胜一筹。

在礼貌的寒暄中加入几句亲切、风趣的话,能够迅速消除人与人之间的陌生感,拉近双方的心理距离,为后续的深入交往奠定基础。有的

第四章
心理暗示：用言语引导他人心理

人不注重寒暄，认为那无足轻重，但是沟通无小事，只有彼此认同、充分信任才会有深度合作。

新来的实习老师正在为学生上课，听课的是四十多名学生，还有教务处的领导和其他教师。

面对陌生的老师，同学们自然屏气凝神，不敢发出一点儿声音。而教务处的领导和老教师也一脸严肃，等着看实习老师的表现。

开始授课了，实习老师为了缓和气氛，先做了一个自我介绍："我来自传说中的'雾都'重庆，我姓钱，不是'前途'的'前'，是'没有钱'的'钱'。"亲切风趣的谈吐把同学们逗得哈哈大笑，连后排的领导和老师也露出了笑容。

随后，实习老师开始上课，此前风趣的交流让大家放松下来，课堂氛围不再死气沉沉，授课效果出奇的好。

其实，人与人之间的心理距离并没有想象中那么遥远，人们之所以会那么认为，更多是因为缺少亲切寒暄技巧，致使彼此不肯放低姿态，结果每个人都高处不胜寒。渴望暖心交流，是人之常情，所以，你要勇敢迈出第一步，主动借用风趣寒暄的话语打开局面，引导对方放下戒备，敞开心扉。

富有口才魅力的人并非说话技巧多么出众，而是能作出一些令人舒服的举动，让人在心理上感到愉悦。与人沟通的时候积极乐观，善于换位思考，并用快乐的情绪感染对方，这是会说话的表现。

用亲切自然的话语与人交流，用积极乐观的态度去感染他人，你会发现自己在交际活动中会事半功倍。

暗示,让自己保持积极心态

英国著名剧作家莎士比亚曾说:"诚恳的举止和态度,往往能感动他人,让他人变得和你一样诚恳、"一个会说话的人,不仅要掌握各种说话技巧,还要保持积极的心态。

心理学研究发现,人在富有激情和活力的状态下,往往能够调动自身巨大潜能,并产生强大的感染力,从而成功影响别人。如果你希望自己的话更富有生命力、更能影响听众的情绪,那么保持积极心态就显得非常重要。

激情在心理学上被定义为一种强烈的情感表现形式,往往出现在强烈刺激或突如其来的变化之后,具有迅猛、激烈、难以抑制等特点。在自然状态下,激情就像流星一样一闪即逝,我们难以捕捉,更难以恰到好处地应用于当众发言、讲话。因此,我们必须学会在说话时制造激情,即通过"我现在内心充满了热情"等积极的心理暗示来调动自己的激情,从而使自己呈现出富有激情和活力的状态。

小C所在公司每年都会举办年终晚会,每个部门都要准备几个节目上台表演。经过大家的集体讨论,小C所在部门很快确定了表演舞蹈、歌曲、小品三个节目及表演人员,但按照公司要求还差一个节目,有人提议增加一个诗朗诵,该提议得到了部门所有人的认可,不过究竟由谁来朗诵呢?

为了甄选出合适的朗诵者,部门领导要求无表演任务的人都参加"试朗诵",然后由大家投票选出朗诵效果最好的参加年终晚会。关于"试

第四章
心理暗示：用言语引导他人心理

朗诵"的篇目，领导指定了毛泽东的《沁园春·雪》。

小C和其他同事一样，利用工作之余特地背诵了《沁园春·雪》，到了"试朗诵"这一天，大家集体来到会议室，开始轮流朗诵。

想起当时的情景，小C满脸笑容地说道："同样是朗诵，朗诵的内容也完全一样，有意思的是，每个人给大家的感受都不一样。阿V朗诵时像小学生背书一样，面无表情、一板一眼，把大家都逗乐了；原本是一首气势磅礴的词，软妹子小莲却朗诵出了'水乡'的温柔；最震撼的是老A，他一开口就激情澎湃，大家都被'镇'住了，很多人连鸡皮疙瘩都起来了，实在是太有感情、太有感染力了……所以大家集体推举老A作为年终晚会的朗诵人。"

同样一句话，不同的人说出来的效果却大相径庭，给人的感受也是天差地别，这究竟是为什么呢？

说话者的情绪、心态、语气、声调等都会对说话效果产生重大影响，一句话是否富有激情直接决定着其感染力和影响力。"发疯"式的激情，可以让人忘记恐惧与紧张，让人变得活力四射，在气势上压制对手；可以感染听众，与他们产生情感共鸣，收到更好的效果。

那么，究竟怎样才能在说话时，保持富有激情和活力的状态呢？

借助暗示让"心"燃烧起来。

与毫无精神、令人昏昏欲睡的话语相比，当然是充满激情和活力的话更能赢得对方的好感和回应。没有激情没关系，不妨借助心理暗示的力量，告诉自己"我内心的热情已经沸腾起来了""今天我就是最有激情的人"，调动情绪，把自己的活力、热忱都激发出来。

借助暗示用"成功"激励自己。

激情、活力往往会紧随成功之后，所以在说话时，不妨在脑海里想

象一下自己获得巨大成功的情景。借助"幻想成功"的心理暗示，我们很容易找到乐观、积极、热忱的状态，如此一来，我们的话语自然也会变得活力四射，更富感染力。

第五章

巧妙说不：婉言谢绝得到对方的心理谅解

说"不"很容易，但并不是每个人都能把拒绝的话说好。当自己确有难处无法答应别人的请求时，就应该拒绝别人，但是拒绝别人时要考虑别人的情感，尽量做到不伤害别人的感情。要想避免因拒绝而得罪人，就要学学拒绝的技巧。

第五章
巧妙说不：婉言谢绝得到对方的心理谅解

转移话题，轻松达到拒绝目的

在现实生活中，谁也免不了遇到不好意思拒绝的要求。当面对不好意思拒绝的要求时，我们怎样才能不伤感情地委婉拒绝呢？例如，我们不喜欢赌钱，几位多年不见的朋友相聚，却非让我们加入牌局不可，对我们来说，找一个推辞的借口是十分费神的事情。这时最好的策略就是及时转移话题，巧妙地将话题的主导权抓在自己手里。

其实，我们使用转移话题这种方法的机会很多。比如你和朋友去看了一部拙劣的武打片，出了影院，朋友问这部片子怎么样，我们可以回答："我更喜欢抒情点的电影。"你正在发烧，但不想告诉朋友，当朋友关切地问："你试试体温吧？"你可以说："不要紧，今天天气不太好。"

在谈判中，当对方提出不易回答的问题时，可以用转移话题的办法拒绝对方，这样既顾全了提问者的面子，也达到了自己不愿意回应的目的。需要注意的是，在转移话题时要非常巧妙，否则就可能表现得自己没有水平。

直言拒绝对方的请求，可能会令对方难堪。例如，当某人请你给他介绍一位你熟识的企业家，以获得某种利益时，你可以说："我与他纯粹是私交，不涉及他的事业。"当有人向你诉说股市风云、试图借钱时，你可以说："我对股市没有兴趣，也不太懂。"这样既能使对方明白你拒绝他的意思，又不伤他的自尊。

如果对于对方所谈的话题没有兴趣，用一些不必要的话来避开对方的提问，也是很有效的。这种拒绝方法会使对方无法应对，因为他一时

间可能找不到攻击点，因而只好就此罢休。

1807年7月，拿破仑与俄国皇帝亚历山大一世在提尔亚西特会晤。奥地利王后路易莎也来到了提尔亚西特，希望拿破仑把北德意志马格德堡归还奥地利。双方一见面，路易莎王后先夸赞了拿破仑，然后就直言提出了归还马格德堡的请求。

拿破仑碍于她是皇后，不好当面拒绝，但又不能轻易答应，便转移话题道："皇后今天的着装真漂亮，这得需要多少能工巧匠缝制？"路易莎知道他在有意回避问题，就回敬道："在这样的时刻，我们要拿服装做话题吗？"说完再次提出了归还马格德堡的请求，拿破仑还是用毫不相干的话题对付她。尽管路易莎多次提出归还马格德堡，拿破仑始终没有答应，并在不失体面的前提下拒绝了她的要求。

转移话题时，不能太突兀，可以从对方的问题上找与之相关的事情进行回答，这样就会让他们忘记原来的问题，或者是回不到原来的问题上。

使用转移话题的方法时有时需要把话题转移到对方身上，有时需要把话题引导到不着边际的地方，关键看我们所应对的事情和人，以及所要达到的目的。如果我们是想拖延时间，当然最好是把话题引到毫不相干的地方；如果你是想让对方知难而退，那就需要将话题巧妙地转移给对方。

慢点说"是"，笑着说"不"

美国作家比林提出一个定律：人一生之中，一般的麻烦都是由于太

第五章
巧妙说不：婉言谢绝得到对方的心理谅解

快说"是"、太慢说"不"造成的。这就是为什么要学习幽默话术的原因。太慢说"不"，会带来很多不必要的麻烦，而幽默的说话技巧能帮我们快速而轻松地说"不"。

遇到别人的请求时，一定要考虑周全，自己办不到的事情一定要据实相告，拖得越久越难收拾。此外，开口拒绝时一定要心平气和，笑着说"不"，让对方在轻松的氛围中听到结果。

某男生非常喜欢同班的一名女同学，于是不断给她写信，并在日常生活中反复献殷勤。但是，这名女生对这名男生没有那种感情，只是把他当做普通同学看待。虽然多次准备向男生解释清楚，然而看到对方真诚的眼神，女生就于心不忍。她不想直接拒绝他，因为那样有点儿残忍，女生思前想后，终于想到了好办法。

这一天，女生找到男生，对他说："你知道吗？我特别喜欢吃冰淇淋，尤其偏爱香草口味的。"男生听了，兴奋地说："那我以后天天给你买香草口味的冰淇淋。"女孩笑了笑，接着说："男生就像各种口味的冰淇淋，每个人因为喜好不同，选择的口味也不一样。在我眼中，你是草莓口味的冰淇淋。"男生听完女生的话，立刻明白是什么意思，之后就不再打扰女生了。

为了不伤男生的自尊心，女生用冰淇淋类比，通过幽默风趣的方式表达了真实意图。她拒绝男生的时候，态度始终是亲切平和的，并没有对男生不屑和厌烦。这样的拒绝方式，更容易让人接受，于是男生选择了知难而退。

生活中的许多烦恼都可以用幽默轻松化解。不好意思拒绝别人，恰恰表明你是一个善良的人，你只需慢点说"是"，笑着说"不"，对方

自然能感受到你的善意，并以感恩的心态接受眼前的事实。

为什么拒绝了别人，还要面带微笑呢？那是因为，拒绝也可以不伤害彼此之间的感情，而微笑恰恰是表达友善的名片，是打开彼此心结的一把钥匙。微笑意味着你的态度是真诚的，并渴望得到理解和谅解。这样一来，你们之间的关系就不会因为拒绝而出现裂痕。

抢先一步，让对方的请求说不出口

你是不是曾遭遇过这样的情况：明明想对别人说"不"，却硬生生把这个"不"字吞到了肚子里，而违心地从嘴里蹦出来个"是"字？事后又越想越不对劲，认为"我其实当时应该拒绝他的""我怎么这么没用，不敢说出真心话"，并因此自责不已、悔不当初，甚至陷入沮丧的情绪之中久久无法释怀。

很多时候，正是因为我们太容易说"是"，才让自己陷入"不得不"或者"被逼无奈"的窘境中。更重要的是，这种草率的决定还会打乱我们的计划和安排，使我们的工作与生活陷入被动。长此以往，我们将无法享受给予和付出所带来的真正快乐，就连正常的人际交往与互动都会成为一种负担。

为什么不直接说"不"呢？因为碍于面子，不想得罪人！认真回想一下，我们在生活与工作中遭遇的挫折与不如意，有多少是因为碍于情面、过于草率地答应了他人的要求，事后却发现自己力有不逮的呢？对于在商海中打拼的人来说，就更要敢于说"不"了，否则会给自己带来很多不必要的麻烦。

如果我们实在不懂得怎样拒绝别人，那么在确定别人将要说对我们不利的话或办我们不想办的事情时，不妨主动抢先开口，或封、或堵、

第五章
巧妙说不：婉言谢绝得到对方的心理谅解

或围、或压、或劝、或截，这样就能牢牢掌握交际的主动权，把对方的要求堵在嘴里，达到拒绝对方的目的。

曹操准备攻打吴国，而吴国主将周瑜足智多谋、精通兵法，是其灭吴的一大障碍，于是曹操派蒋干去东吴劝说周瑜。蒋干风尘仆仆到了江东。周瑜听说蒋干来了，知道他来干什么，于是决定来个先发制人，打消蒋干的企图。

两人一见面，周瑜就开门见山地说："子翼不辞辛苦远道而来，是为曹操做说客的吧？"蒋干没想到周瑜竟有这一手，犹豫了好久，方说道："老朋友相逢，你怎能说这话呢？"席间，周瑜又对众将说："这是我的同窗好友，虽然从江北来，却不是曹操的说客——你们不要怀疑。"并解下佩剑交给太史慈说，"你佩上我的剑做监酒，今天宴饮，只叙朋友交情，如有谁提起曹操和东吴军旅之事，就斩下他的首级。"

蒋干大吃一惊，再不敢开口提劝降之事。宴后，周瑜拉着蒋干的手说："大丈夫生在世上，遇到知己之主，外托君臣之义，内结骨肉之恩，言必听、计必从，祸福与共，即使是苏秦、张仪、陆贾、郦生那样的人再生，口若悬河、舌如利剑，又怎么能说动我的心呢？"就这样，周瑜采用先发制人的策略，让蒋干始终不敢提起半句劝降的话。

从这个故事中我们可以看出周瑜的策略有这样几个特点：第一，先封，他抢先一步，单刀直入，直接点破蒋干来吴的企图，先封死蒋干的口，让其不便开口；第二，再压，在酒席上，他派太史慈作监酒官，并且明定"只叙朋友交情，如有谁提起曹操和东吴军旅之事，就斩下他的首级"，让蒋干慑于军令而不敢开口；第三，后围，用"大丈夫生在世上……"来堵蒋干的口。这番话慷慨激昂，等于告诉蒋干，是

大丈夫就应该这样,只有小人才会反其道而行之。如果蒋干不识时务,硬要说出劝降的话来,岂不是把周瑜和他自己都当成小人了吗?这就让蒋干更加难以启齿了;第四,紧接着又顺势说出了"即使是苏秦、张仪……又怎能说动我的心呢?"暗示蒋干不必枉费心机白费口舌了。这样一环扣一环,自始至终压住蒋干,使他欲说不能、欲说无词,计划全盘落空。

当我们想要拒绝别人时,要尽量争取主动,站在有利的位置上。不管怎么说,拒绝别人的要求总是被动的。但在有些情况下,发现对我们不利的苗头时,不妨主动出击,不给对方开口的机会,这种拒绝不动声色,没有痕迹,实在高明。

世界著名影星索菲娅·罗兰在自传中记录了卓别林对她说过的一段话:"你必须克服一个缺点。如果你想成为一个生活异常美满的女人,你必须学会一件事,也许是生活中最重要的一件事,必须学会说'不'。你不会说'不',索菲娅,这是个严重的缺点。你很难说出口,但你一旦学会说'不',生活就变得好过多了。"生活中很多人认识不到说"不"的重要性,遇事优柔寡断、畏首畏尾,结果常使自己处于被动地位,听命于人。比如,朋友托你出差时捎带你根本没有时间去买的东西,关系不怎么样的朋友找你借钱,亲戚托你办你办不了的事……这些不想做而且也不是分内的事,常常给我们带来很大的负担和烦恼,改变这种状况的唯一办法就是学会说"不"!

说"不"要委婉,点透即可

因不想破坏人际关系而顾虑重重,最终没能拒绝别人的请求……相信大家都有这样的经历。尽管体谅对方是十分重要的,但若只是一方一

第五章
巧妙说不：婉言谢绝得到对方的心理谅解

味忍让，这样的关系迟早会破裂。短时间内也许还好，想要长时间维持良好的关系，学会说"不"是十分必要的。

也许有人认为说"不"会令彼此产生嫌隙，但其实高明的回绝方式并不会伤害对方。一个不懂得拒绝的人，会一直处于被动的地位。可是只要一说起"拒绝"这两个字，许多人都会感叹"拒绝别人很难"。为什么说"不"这么难呢？

已故的国宝级大师启功先生，就是一个不懂得拒绝别人的人。启功先生是我国知名的书法家，向他求学、求教的人几乎踏破了门槛，先生住处终日不断脚步声和敲门声，启功先生曾自嘲："我真成了动物园里供人参观的大熊猫了。"

有一次，启功先生患了重感冒，连床也起不来了。因担心有人来访，他特意在门外贴了一张字条，上面写了两句话："熊猫病了，谢绝参观；如敲门窗，罚款一元。"尽管病卧在床，先生仍不失幽默。此事被著名漫画家华君武先生知道了，华先生专门画了一幅漫画，并题字云："启功先生，书法大家。人称国宝，都来找他。请出索画，累得躺下。大门外面，免战高挂。上写四字，熊猫病了。"后来，启功先生的挚友黄苗子也听说了这件事，为了保护自己的老朋友，黄先生便使用"黄公忘"的笔名写了一首《保护稀有活人歌》，呼吁大家关爱老年知识分子的健康。

在日常交往中，有时对方提出的意见或是邀请是出于一番好意，我们不想接受或刚好不能接受，碍于情面或感情又不好直接拒绝，这时可以委婉一些，告诉对方"下次再……"当然不要忘记感谢对方，以使对方感到自己是受尊重、被感谢的。比如，朋友邀请你到他家里跳舞，如果你不想去，可以这样回答："哦，真不巧，今天我已经约了朋友，你

这么辛苦组织了一次,我去不成,太遗憾了。下次吧,下次你可得早点儿通知我。"如果你说"没空,去不了"就会让人很扫兴,可能别人以后都不再邀请你了。

事实上,我们心里知道不要什么、不能怎样和为什么不要、为什么不能,可就是无法把那个"不"字痛痛快快地说出来,只让它在嗓子眼儿里打滚儿。为了妥善应对这种情况,我们应学会巧妙地拒绝,不直接说"不",而是给对方明确的暗示,说明"不"的理由,这样既能显示你的水平又不伤和气,对方也更容易接受。

总之,每个人都有"拒绝"的权利,为了很好地维护自己的时间、利益和财产,我们永远有权利说"不"。拒绝得体,回答委婉,所表现出来的不仅仅是对别人的关心和尊重,也是对自己的关心和尊重。

巧妙运用"客观理由"拒绝

现实生活中,每个人都有过拒绝或被拒绝的经历。当对方突然提出一个问题,而我们还没有做好准备或者根本就没有想到这个问题时,可以找适当的理由先进行回避,等找到好的答案后再与其洽谈。找理由就是为了缓和眼前的紧张状态,使对方觉察到我们的拒绝。

通常情况下,在面对被拒绝者的时候,我们只需要把拒绝的原因说出来就可以了。例如"我要把明天的会议报告赶出来,没有时间帮你""我对于这件事情一窍不通,根本不可能完成",这样的理由诚恳、真实,足以让被拒绝者放弃对你抱有的幻想。然而,问题就在于,有时候我们拒绝别人的真正理由并不见得能够让对方信服,又或者一旦说出来,可能会让双方都陷入尴尬。

生活中有很多这样的例子,比如某女孩儿拒绝了一个男孩儿的追求,

第五章
巧妙说不：婉言谢绝得到对方的心理谅解

原因是男孩儿的长相她实在接受不了。如果男孩对简单的拒绝不死心，问及原因，女孩儿难道能把真实的想法说出来吗？当然不能！很多时候，为了维护双方的关系或者对方的自尊，我们即便选择说"不"，也要慎重地想想自己的拒绝理由是否充分、是否能够令对方坦然接受。

朱元璋是明朝的开国皇帝，他推行的严刑峻法让人十分惧怕。有一天，画家周玄素奉朱元璋之命进宫，被要求在宫殿的墙壁上描绘明朝的江山地理图。周玄素不知道朱元璋葫芦里卖的什么药，但他很清楚朱元璋的脾气秉性，画不好的话，肯定会惹祸上身，甚至有掉脑袋的危险。考虑许久，周玄素伏地向朱元璋请命："臣不曾遍走天下九州，孤陋寡闻，不敢受此命，恳请皇帝给微臣出一个草图，待臣再依草图描绘润色，不知道皇上意下如何？"

周玄素很机智地找了一个客观理由拒绝了朱元璋。如果周玄素直接拒绝朱元璋，后果可想而知。周玄素的做法既保住了朱元璋的面子，又保全了自己的性命，还彰显了自己的谦卑和才华。

通常来说，一些客观理由，如工作忙、身体状况欠佳等是可以明确告知对方的；而一些主观因素，例如对于美丑的评判，或者毫无原因就是不想做等理由，如果说出来，不仅不会让对方信服，反而可能激化双方的矛盾。因此，如果我们的拒绝原因属于后者，那么就需要一个恰当的借口来充当"挡箭牌"。

我们最常用的借口就是工作繁忙，没有时间。因为别人对于我们的工作情况了解不多，因此对于这个理由也没有办法反驳。不过，由于这个理由用得过多，所以无论是真是假，都会给人找借口的感觉。此外，我们还可以选择比较具体的客观理由，例如"后天我不巧要去台南出差，

不能陪你去了"或者"我明天约了××谈生意,然后要带他去施工现场看看,估计到晚上才能回来"等,其说服力自然比简单的"我很忙"要强得多。

对于很多没有意义的应酬和聚会,我们应找合适的理由全身而退。也就是说,在拒绝别人时,这个合适的"客观理由",既不伤别人的自尊,也给自己留了条后路。

面对非分要求,不妨当成"玩笑"

不管是在工作中,还是在日常生活中,经常会有人向我们提出非分的要求。当我们不好意思直接拒绝时,不妨把它当成"玩笑",在玩笑中拒绝对方。这就需要我们平时有点儿幽默感,因为幽默而机智的妙言就像润滑剂,可融洽双方的感情;坦率而风趣的巧语犹如开窍药,能够创造神奇的效应。

拒绝的话不好说,说不好很容易得罪人。因此拒绝他人时,要讲究策略,最重要的一点就是要含蓄委婉。用幽默的方式拒绝别人,有时可以故作神秘、深沉,然后突然点破,让对方在毫无准备的大笑中失望。

比如谈恋爱,能够得到别人的爱是你的一种魅力,而能够巧妙地拒绝别人的爱也是一种魅力。拒绝如果能够加上一点幽默,会让人在笑声中感受到我们体贴入微的温暖。

每个人都有爱的权利,相应地也有不爱的权利。当有人向我们表白,希望建立恋爱关系时,我们的心里并不喜欢对方,当然要拒绝。但是,拒绝对方的言辞需要委婉恰当,倘若我们的言辞过激,不仅会伤人自尊,还可能使对方因爱生恨;倘若我们的言辞过于隐晦,又容易让对方心存

第五章
巧妙说不：婉言谢绝得到对方的心理谅解

幻想，继续做无谓的纠缠。因此，拒绝时适当地开个玩笑，把握好拒绝的分寸是十分重要的。

有一个小伙子向一位姑娘表达爱慕之情。

姑娘问道："你真的爱我吗？"

小伙子："是的，我敢对天发誓……"

姑娘："那你用什么来表示呢？"

小伙子："用这颗赤诚的心。"

姑娘委婉地说："对不起，你是唯'心'主义者，我可是唯'物'主义者啊！"

小伙子所讲的"赤诚的心"，同唯心主义和唯物主义的哲学名词原本是毫不相干的，姑娘在这里把它们反常地联系在一起，使人感到谐趣新奇之余，也将拒绝的意思表达得很清楚了。

如同我们前面讲到的，有些人也会采用幽默的语言来求爱。在这个时候，被追求的一方如果要拒绝对方的求爱，更应该幽默以对，这样既能够达到拒绝的目的，也不至于伤了求爱者的自尊。运用幽默含蓄的拒绝方法，通常情况下都很有效，能够使对方不损颜面地知难而退。被拒绝的一方难免会有受伤的感觉，倘若拒绝的一方能够大方地安慰一下，则是最好不过了。

有时候拒绝的话像是胡搅蛮缠，但因为它是用幽默的方式表达出来的，所以在起到拒绝目的的同时，也就让别人很愉快地接受了。开个适当的玩笑，幽默地拒绝他人的无理要求，既不会令人难堪，又可以很好地表达自己的意思，这就是幽默的力量。

此外，还可以用假设的方法，虚拟出一个可能的结果，从而产生幽

默的效果，而这个效果正好是你拒绝的理由。这样，不仅不会引起不快，反而可能给对方一定的启发。

拒绝他人时直接说"不"，不委婉、不含蓄，往往让人无法接受，试着开个"玩笑"吧，它会让你的拒绝也充满魅力。

第六章

超级说服力：巧妙表达赢得对方的心

有位著名的成功学大师曾说:"人生其实就是一个不断说服和影响的过程,如果你能说服与影响自己,你就可以获得自信和快乐;如果你能说服与影响别人,你就可以变得有钱有名。"要想说服别人,首先要学会揣摩对方的心理,把话说到对方心里去,这样才能够真正打动对方、说服对方。

第六章
超级说服力：巧妙表达赢得对方的心

喜好效应：钓鱼必须知道鱼吃什么

要想钓到鱼，就必须要知道鱼吃什么。我们不但在小事情上按照自己的喜好进行选择，在一些关乎职业命运的事情上，我们也是"相信自己的感觉"，而这种感觉往往就是指我们内心的喜好。当然这也就衍生出很多疑问，例如：为什么我的领导不喜欢我？为什么我的同事不喜欢我？为什么陌生的客户见我第一面，我就感觉到他不喜欢我？要想得到他人的好感，必须迎合他人的喜好。

诸如此类的迎合，在生活中已经越来越多，比如对着装的迎合，人人都喜欢衣着得体的人。人们在做决定时会考虑很多因素，一些是有意识的，一些是无意识的。也许我们的工作水平有口皆碑，但如果穿着让人不舒服，也会丢分。外表有吸引力的人在遇到困难的时候，更容易得到别人的帮助，而且，他们说话更具有说服力。如果你还觉得外表不重要，那么，来看这样一个实验。

在英国广播公司的王牌节目《明日世界》中，制作组请观众扮演陪审团成员，播放了一段模拟审判的视频，然后请观众确定视频中的被告是否有罪。

观众并不知道，节目组已经把全国观众分成了两个大组，两组观众看到的是两个稍有不同的节目。被告被指控破门而入偷走一台电脑，两个节目的犯罪证据、法官陈词都是一样的，唯独两个罪犯的外在形象完全不同。其中一个罪犯形象猥琐，另外一个却形象良好、

衣着整洁。

通常在判断被告是否有罪时，应该关注事实和证据。但实验结果表明，很多观众的判断都受到"眼球喜好"的影响，大约40%的观众认为形象猥琐的被告有罪，只有29%的观众认为衣着整洁的被告有罪。

我们可以看到，很多人都没有进行理性的分析，单凭对外在形象的认可与否就草率地做出了决定。谈到这里，肯定有读者要问，抛开长相不说，怎么包装才能迎得别人的好感呢？

喜欢听好话似乎是人的本性。当来自社会、他人的赞美使内心得到满足时，人们便会情不自禁地感到愉悦和鼓舞，并对赞美者产生亲切感，这时彼此之间的心理距离就会拉近，自然为交际的成功创造了条件。心理学研究表明，人们从心里愿意接受正面评价的信号。有时候，人们完全明白这个人的评价并非发自内心，而是为了得到自己的帮助，但是人们还是会因为其评价而去帮助此人。从喜好效应的角度来说，这是不可救药的。

还有一种情况是在别人背后说好话。当我们在别人背后说好话时，人们更愿意认为我们是出于真诚、真心说他的好话，并因此感谢我们。

在这里尤其要说的一点是，在公开场合当众表达对某个人的欣赏，可能会引起其他人的反感或妒忌，会有人认为我们是在拍马屁。即使我们是正面的、发自内心的评价，也会让那个接受表扬的人感受到来自群体的压力。

所以，与其如此，倒不如在其背后说好话，这些好话终有一天会传到他的耳中。背后说好话，是发自内心、不带私人动机的，除了能给更多的人以榜样的激励作用外，还能使当事人感到这种赞扬的真实和诚意，从而在心理得到满足的同时，增强对说好话者的信任感。

专业术语，让你的话更有说服力

所谓专业术语是指特定领域对一些特定事物的统一称谓。专业术语具有专业性、科学性、单义性、系统性的特征。

无论是想要寻求商业伙伴、投资人，还是在日常交际中，适当运用专业术语都会给人带来专业、精准、系统的感觉，让人觉得你是某个领域的内行，从而对你的话深信不疑。但这不是一朝一夕之功，需要尽量多、尽量深入地了解相关领域的专业知识，并且有一定的实践经验。

陈小伟是一家公司的销售人员，他查询了各种数据，做了大量准备工作，做好了给经理汇报工作的PPT。他写道：我最近留意了一下原材料的价格，发现很多原材料涨价很厉害；最近物流公司也打来电话，要求我们提高运费；还有我们的竞争品牌最近也开始涨价了……对了，最近广告费的花销也比较大。

经理对他这种毫无逻辑和专业性的大白话毫无兴致，都没多看一眼，就扔在了办公桌的一边。

同样的工作，他的同事张强做出的PPT汇报则与他完全不同：我认为我们的品牌应该涨价20%，要超过我们的竞争品牌。这是因为：第一，原材料价格最近上涨了30%，物流成本也开始上涨；第二，竞争品牌全部调价10%~20%，我们应该跟进；第三，广告费超标，我们还应该拉出空间，可以做广告……

经理看后点头称赞，并决定立即召开会议，商议有关事宜。

陈小伟和张强的 PPT 水平孰高孰低，显而易见。二者的差别不在于资料的搜集和整理，而在于专业术语的运用。陈小伟只是单纯地将自己看到的和想法呈现了出来，而张强则在 PPT 上体现出了自己的专业和严谨，不仅结论清晰，而且有理有据。

很多时候，说服他人最重要的不是口才、沟通能力和数据，而是专业。专业就是你要用内行的思维方式、表达方式和处理方式来思考、沟通和解决问题。

人们通常会认为，内行更专业。别人认可了你的专业性，才有可能认真去听你说的内容，进而才有可能认可你的话。所以，要想成功说服别人，就要适当运用专业术语，使自己看起来很内行、很专业。

（1）思维要周密，说服别人轻而易举。

在说话之前，要尽量把所有可能的情况及其解决方案想清楚。比如，作为技术人员的你，要修改一个按钮的位置。领导自然要问你，空出来的位置怎么办、改过之后会不会影响现有的功能、用户能不能习惯等等，如果你用专业术语一一化解，领导自然会听从你的建议。

（2）适时运用专业术语，让对方刮目相看。

在与别人沟通的时候，尽量不要说大白话，而要使用专业术语，这样会让人家感觉我们很内行。

例如，有一次我和一个客户端工程师说："我希望弹出的窗口是模态的。"工程师听完后很诧异地说："你还知道模态？"我说："当然啦，这对交互设计很重要啊。"于是，工程师立刻就把窗口改成模态的了，根本没问我为什么。

所谓模态，说白了就是弹出一个窗口，窗口以外的屏是黑的，或者不可以操作，只有这个窗口可以操作，类似于 Windows 里面经常弹出来的讨厌的错误提示。但你要是跟工程师用大白话描述，他会不屑一顾，

第六章
超级说服力：巧妙表达赢得对方的心

碰上脾气好的可能会耐着性子帮你改改，脾气不好的可能会很反感地说，他最讨厌 Windows 弹错误提示。

教你找到对方的心理弱点

就像每一座城堡的墙壁上或多或少都会有裂缝一样，每个人也都有自己的心理弱点。心理弱点通常是一种不安全的、不可控制的情绪或者需求，它也有可能是一个小小的隐秘的喜好，不管是哪一种情况，一旦你找到对方的心理弱点，它就有可能成为你牵制对方的"刑具"，让对方顺着你的思路走。

第一次世界大战期间，胡佛在参战各国联盟的推荐下，成了比利时独立救济委员会的主席。胡佛为了将战争所带来的伤害降到最低，付出了大量心血。可是，当他在各参战国政府之间不断奔走时，这个独立救济委员会却遭遇极大的危机。

当时的战争态势对德国政府非常不利，协约国的媒体也在不断攻击德国政府的不当行为。为了报复，一名德国军官要将比利时独立救济委员会驱逐出境。

得知这个消息后，胡佛立刻从伦敦赶到了德国，与这名愤怒的德国军官进行了一次会晤。在商谈过程中，这名德国军官一再强调协约国的错误举措，完全无视胡佛为德国人民所提供的救济。他认为，正是由于委员会的不断挑拨，媒体才如此激烈地批评德国政府，为德国的军事战略带来了很不好的影响。

在整个谈判过程中，虽然胡佛一再努力解释，但这名军官根本不为所动。就在谈判进入僵局时，胡佛发现这名军官的怒气主要是因为媒体

的指责,这说明他是一个非常在意自己声誉的人。

于是胡佛对这名军官说:"你这么一意孤行地想驱逐比利时独立救济委员会,有没有想过后果?如果真如你所愿,比利时的粮食供应会因此而中断,战火之中的德国人民将面临严峻的考验。如果真的出现这样的局面,那你将成为'杀害民族的屠夫',并受到后人的唾骂,而且这个称号将永远伴随着你。"

胡佛这一番话说出时,所有人都惊呆了,大家都认为他这样只会进一步激怒这名军官。果然,这名军官开始大声咆哮,但当他的怒气逐渐平息后,却觉得胡佛说得很有道理,于是,他低声对胡佛说:"明天早上,请你再来我的办公室一趟。"

胡佛利用德国军官的心理弱点成功地扭转了局面,比利时救济委员会获得继续在德国活动的权利。

我们在与人交谈时,要善于抓住人性的弱点,比如,怕死、易怒、怯懦、过分自尊等等。胡佛之所以能让一个激烈反对自己的军官放弃他的想法,正是因为抓住了对方的软肋。这名军官是一个将名誉看作生命的人,他的名誉绝不能因为一个委员会而受损,更不能因此而成为民族的罪人,所以在胡佛指出这一点时,他不得不在自己的内心欲求面前让步。

由此可见,在与人交谈时,只要掌握了他人的弱点,并善加利用,就会更容易与别人达成共识。

然而,要抓住他人的心理弱点并不是一件容易的事。一方面是因为人们总是将它隐藏得很深;另一方面则是因为人与人之间的差异实在太大,不同的人有不同的软肋,要想发现它只能进行针对性的了解和分析。不过,以下几种方法,或许可以帮你在短时间内找到对方的心理弱点。

（1）了解对方的性格。

不同性格的人，接受他人意见的程度不一样。对方是性格急躁的人，还是性格稳重的人？是胸无点墨且自负的人，还是有真才实学且谦虚的人？了解对方的性格，就可以有针对性地说服对方。

（2）了解对方的兴趣。

有人喜欢绘画，有人喜欢音乐，有人喜欢下棋……从对方的兴趣爱好入手，同样可以抓住对方的软肋，进行行之有效的说服。

（3）了解对方的情绪。

一般来说，影响对方情绪的因素有以下几个方面：一是谈话前对方因受其他事情影响而情绪波动；二是谈话时，对方的注意力还未集中起来；三是对方对谈话对象的看法和态度发生变化。因此，在说服对方之前，要设法了解对方的思想动态和情绪波动的原因。

（4）了解对方的想法。

每个人所关心的问题不尽相同，如果能真正了解对方内心的想法，就能有针对性地与对方交谈。

借助诙谐的语气让对方说"是"

经验表明，借用诙谐的语气能把人带入轻松的氛围，而后引导对方说"是"会更容易。

讳疾忌医的故事相信大家耳熟能详，蔡桓公生病了，却不信扁鹊的诊断，结果病情恶化，最后丢了性命。在这件事上，虽然蔡桓公的问题最大，但是如果扁鹊劝说方法得当，想必蔡桓公也不会不信。相比扁鹊，下面这位医生就显得高明多了。

一位妇人因为过度肥胖导致血压、血糖、血脂大幅升高，但是她仍旧不节制饮食，也不承认糟糕的身体状况是由肥胖引起的。家人劝她去看医生，她从来不听。后来，由于身体状况严重影响正常生活，她才同意去医院。

独自面对医生，这位妇人的态度温和了许多："医生，我最近消化不太好，应该吃点儿什么药？"医生笑了笑，给她开了一些助消化的药，然后说："我太太也曾经出现过您这种病症，主治医生给她开了一剂良方，后来就痊愈了。"

胖妇人像找到了知音一样，急切地问："是什么药？"医生不紧不慢地说："塞万提斯的一剂名药——饥饿是最好的开胃药。"听了这句话，妇人羞红了脸，会心地笑了。

在上面的故事里，胖妇人比谁都清楚，自己是因为贪吃导致身体肥胖，进而引发疾病的。只不过她不愿意接受这个现实，更不愿意听别人将这个事实说出来。于是，当医生以诙谐的口吻讲述控制饮食的重要性时，她坦然接受了建议，显然，医生的劝说更容易让人接受。

人人都喜欢风趣的谈吐，尤其是在接受他人的劝说时，幽默的言辞让人感觉温暖、亲切，也更有说服力。如果你感觉自己说话没分量，不必提高说话音量，只需借助诙谐的语气就能四两拨千斤，让他人接受你的建议。

有一位工程师早年犯过错，结果长时间受歧视，无法得到认可。有一次，他的提案又被无限期搁置，这次他没有生气，而是耐心地给大家讲了一个笑话：

"从前，有一个人坐船外出办事，中途遇到一群水族在哭。于是，他询问水族发生了什么事。原来,龙王下令要把有尾巴的水族都杀掉,这些水族在劫难逃,所以痛哭流涕。忽然,旁边的青蛙大哭起来,他就问青蛙:'你没有尾巴,为何要哭呢?'青蛙说:'我担心龙王追究我以前当蝌蚪的事儿!'"

笑话讲完,在场的人被逗得哈哈大笑,也瞬间理解了这位工程师的良苦用心。第二天,提案就通过了。

让对方说"是",不能采取强迫的态度。不妨来点儿幽默,用诙谐的话语表明态度。对方感受到你的真诚与友善,自然会接受你的建议。

果戈理在《剧场门口》中说:"在冷静的笑的深处,可以发现强大的、永不磨灭的爱的炽热的火花。"幽默风趣之所以让人感到温暖、亲切,并很有说服力,是由于幽默的语言巧妙地把对方置于特定的语境中,令其感同身受,而后在认知上与你产生了一致性。

互惠+对比,打好说服这场心理战

俗话说,礼多人不怪,来而不往非礼也。在人际交往中,只要你态度温和、客气,大多数情况下对方也会这样地对待你。心理学上将这种现象称为互惠原理。

在日常生活和工作中,我们要学会运用互惠心理策略。首先你要做出让步,这样对方很可能会因为你的大度也做出让步,最终双方实现共赢。美国人际关系学专家W·F·吉格勒曾说,你把自己最好的给予别人,就会从别人那里获得最好的。没有人愿意无缘无故地付出,要想得到对方的付出,在与对方说话时,就要告诉对方你能为他付出什么。对方在进行对比衡量之后,自然会答应这种互惠共赢的合作方式。

陈凯是一家大型国企的管理人员。有一次,公司派他去邀请一位知名的企业管理专家来公司授课。由于这是公司高层的临时性决定,所以时间有些紧。

陈凯接到这个艰巨的任务后,并没有多大把握。因为对方是个名家,邀请他授课、演讲的公司特别多,让对方临时排出档期来自己的公司授课,实在不太容易。

果不其然,当陈凯登门拜访,表明来意之后,那位知名企业管理家立刻面露难色,但他又不想让找上门的生意白白溜走,就试探性地问陈凯:"请问,贵公司的课程能否重新安排一个日子?"

陈凯答道:"老师,这个日期是公司董事会临时决定的,实在没法调整。如果您挪不出时间,我们只好请别的讲师了。不过我们几位董事对您慕名已久,希望最好能把您请到!"

知名企业管理家一听这家公司对自己如此仰慕,心里非常高兴,便当场让秘书打电话联络撞期的公司,看是否可以让那边重新调整上课的日期。可不巧的是,对方的电话没打通。

经过反复考虑、对比后,知名企业管理家还是决定去陈凯的公司授课。他对陈凯说:"我现在还没有联络到那家公司的负责人。不过,如果我答应按约定日期到贵公司讲课,你是否能代表公司现在就跟我签协议?至于另一家公司的档期,我自己另行处理,你不用担心,但讲课的费用要在原来的基础上加两成。"

陈凯为了完成任务,只好答应,并按对方的条件签协议付了款。

这位知名企业管理家在与陈凯说话时,成功地运用了互惠+对比的心理策略,为自己赢得了更多的利益。而陈凯虽然完成了任务,但费用却超出了预算。

可见，在谈判的过程中，如果我们想让对方做出让步，那就在自己做出让步的时候提出来，这是最佳的时机。

从某种程度来看，互惠+对比的心理策略是一种妥协。如果有人以某种方式对我们，我们就会还以类似的行为。面对对方的善意，我们同样会表达善意；而面对对方的让步，我们也会觉得应该退让一步。

那么，在与人交往的过程中，如何打好这场心理战呢？

（1）学会赞美别人。

世界上最强的人是那些可以化敌为友的人。赞美敌人，敌人于是成为朋友；鼓励朋友，朋友于是成为手足。只要我们真诚地赞美别人，让别人感到温暖，自然能增加别人对我们的印象分，接下来的交往也会更加顺利。

（2）尊重别人，给别人留面子。

俗话说："人活一张脸，树活一张皮。"在与人说话时，要学会为别人留面子，懂得尊重别人。

用事实说话，让对方不得不信

俗话说，事实胜于雄辩。在与人交谈时，要以事实为基础，言之有物，不说空话、大话，巧妙论述，以达到事半功倍的效果。

伽利略1564年生于意大利的比萨城，他的父亲是个破产贵族。当伽利略来到人世时，他的家庭已经很穷了。17岁那年，伽利略考进了比萨大学。在大学里，伽利略特别喜欢向老师提问题，哪怕是人们司空见惯、习以为常的一些现象，他也要打破砂锅问到底。

古希腊的亚里士多德认为，物体下落的速度是不一样的，下落速度和物体的重量成正比，即物体越重，下落的速度越快。比如说，10千克重的物体，下落的速度要比1千克重的物体快10倍。

1700多年以来，人们一直把亚里士多德的这个学说当作真理。然而，喜欢刨根问底的伽利略根据自己的推理，对亚里士多德的学说大胆提出了质疑。

经过反复考虑，伽利略决定做一次实验，以证明自己的推理，并选择比萨斜塔作为实验场地。他的这一举动，引起了轰动。

这一天，伽利略带了两个大小一样但重量不一样的铁球来到比萨斜塔：一个重100磅，是实心的；一个重1磅，是空心的。塔下面站满了前来观看的人，大家一边围观，一边议论纷纷。有人讽刺地说："这个小伙子的脑子一定是有病了，竟然敢质疑亚里士多德的理论！"有人幸灾乐祸地说："胆大包天的小子，这回就等着出丑吧！"

伽利略听到这些话，根本不屑于争辩，他要用事实说话，让人们无话可说。

实验开始了，伽利略两手各拿一个铁球，大声喊道："下面的人们，你们看清楚，铁球就要落下去了，看好它们是如何着地的。"说完，他两手同时张开。当人们看到两个铁球平行下落，几乎同时落到地面上时，都惊得目瞪口呆。

伽利略通过实验，揭示了落体运动的规律，推翻了亚里士多德的学说。这个实验在物理学的发展史上具有划时代的意义。

由此可见，事实是说服别人的最好证据，因此，在说服他人的过程中，要注意运用已有的事实作为论据，论证自己的观点，这样就会逻辑严谨、理由充分，说服也就更有力。

事实上，这种方法并不需要太多的技巧，只要实事求是、言之有物，便能使说服成功。

也就是说话要符合客观实际，要言之有据，在事实的基础上说话。只有这样，才能经得起时间和他人的考验，让对方不得不信。

在与人交谈中，如何用事实说话，让对方不得不信呢？

（1）一个事实胜过千言万语。

当一种观念进入人心后，他人将很难用其他的道理让其发生改变。此时，只能用事实这种最有力的武器来说服他。

（2）与人说理时要循循善诱。

"与人说理，须使人心中点头。"这句话十分精辟。我们在与别人说理时，一定要在事实的前提下循循善诱、步步引导、耐心探讨，这样对方才易于接受，易于"心中点头"。

（3）分析利弊，把理讲清。

趋利避害是人的天性，人们最关心的莫过于自己的利益。会讲道理的人，在劝说别人的时候，往往会以恳切的态度告诉对方利弊，让对方知晓自己的利害得失，从而做出明智的选择。

权威效应：带着光环更易说服成功

权威效应，是指如果一个人地位高、有威信、受人尊敬，那么他所说的话、所做的事就容易引起别人的重视，并容易让人相信其正确性。也就是说，人们对权威的信任要远远超过对常人的信任，即"人微言轻、人贵言重"。

"权威效应"的普遍存在，首先是由于人们有"安全心理"，即人们总认为权威人物是正确的，服从他们会使自己有安全感，增加"保险

系数";其次是由于人们有"赞许心理",即人们总认为权威人物的要求和社会规范一致,按照权威人物的要求去做,会得到其他人的赞许和奖励。

现实生活中,权威崇拜的例子很多,比如明星广告代言,就是利用了人们的崇拜心理。大众往往认为明星是公众人物,会有更多更好的选择,因此他们选择的物品一定是经过筛选后最好的,于是便跟风购买。

美国心理学家曾做过一个实验:他在给某大学心理学系的学生讲课时,向其介绍了一位从外校请来的德语教师,说这位德语教师是德国著名化学家。实验中,这位化学家煞有介事地拿出了一个装有蒸馏水的瓶子,说里面装着他新发现的一种化学物质,有些气味,请在座的学生闻到气味时就举手,结果多数学生都举起了手。

本来那只是没有任何气味的蒸馏水,但由于权威的化学家的语言暗示,许多学生都认为它有气味。这个实验,充分说明了人们具有"安全心理",同时,人们还有"认可心理",也可以称为"崇拜心理"。他们总认为自己的言行要与权威人士保持一致,只有相信权威人士的言论,才能得到别人的认可,这两种心理就诞生了权威效应。

举世闻名的航海家麦哲伦因为得到了西班牙国王的大力支持,才完成了环球航行的壮举,从而证明了地球是圆的,改变了一直以来天圆地方的观念。那么,麦哲伦是怎样说服国王赞助并支持自己的航海事业的呢?原来,麦哲伦请了著名地理学家路易·帕雷伊洛和自己一起去劝说国王。

当时,受哥伦布航海成功的影响,很多骗子都打着航海的旗号,来骗取皇室的信任，从而骗取金钱，因此国王对所谓的航海家都持怀疑态度。但和麦哲伦同行的帕雷伊洛久负盛名，是人们公认的地理学界的权威，国王不但尊重他，而且非常信任他。

帕雷伊洛给国王历数了麦哲伦环球航海的必要性与各种好处，让国王心悦诚服地支持麦哲伦的航海计划。正是因为相信权威的地理学家，国王才相信了麦哲伦；正是因为权威的作用，才促成了这一举世瞩目的成就。事实上，在麦哲伦的环球航行结束之后，人们发现帕雷伊洛对世界地理的某些认识是不全面的甚至是错误的。不过，这一切都无关紧要，国王正是因为权威效应——认为专家的观点不会错——才阴差阳错地成就了麦哲伦环球航行的伟大壮举。

我们在劝说他人支持自己的行动与观点时，恰当地利用权威效应，不仅可以节省很多精力，还会收到非常好的效果。在日常交际中，我们利用权威效应，能够达到引导或改变对方态度和行为的目的。

第七章

巧妙提问：会问是本事，巧答看实力

如何问，对方才愿意回答？问什么，对方才愿意深入交谈？怎样问，才能获得想要的答案？学会精准判断被提及的问题，从而推动事情发展，离不开科学训练和努力实践。通过富有技巧性的提问，提高沟通效率并提升自身影响力，是每个人的必修课。

第七章
巧妙提问：会问是本事，巧答看实力

探路式提问，降低对方的"警戒心"

网络调查显示，80%的人不愿意与陌生人交谈，如果没有非去不可的理由，很少有人会主动结识陌生人。社会也在一步步提醒我们"不要和陌生人说话"，人们彼此之间存在着深深的怀疑，人与人之间仿佛放置了社交绝缘体。在这个"防人之心不可无"的时代，面对陌生人的接近，我们会下意识地生出警戒心。我们的老祖宗也告诉我们"无事献殷勤，非奸即盗"，陌生人的靠近必有所图，在这种心态的影响下，人们拒绝陌生人靠近。

人与人之间充满戒备的状态是近几年才形成的。以推销员所受的待遇来做对比，十几年前，推销员上门推销产品，会被主人请到屋内用茶水招待。主人也会认真听推销员对产品进行介绍，然后决定是否购买。反观现在，当推销员上门推销产品的时候，往往还没开口就会吃闭门羹，连介绍商品的机会都没有。即便有时有机会介绍商品，也是隔着一道防盗门，这扇门也成为人与人之间交际的障碍。

要想从别人那里了解到真相，就要让沟通变得顺畅，在双方交流的时候就要先打破对方内心深处那道防御壁垒。只有两个人之间的障碍被扫除掉，双方的交流才能更加深入，也才有听到真话的可能。

人与人的交流往往是从提问开始的，熟人相见总会问一句"吃了吗"，或者问一句"最近过得怎么样"。陌生人的交流多数也是从提问开始的，因此，要想让对方放下心中的戒备，在提问的时候就要格外小心，以免触碰到对方的禁忌。

在双方开始交流的时候,探路式的问题能降低对方的"警戒心"。用探路的方式向对方提出问题,就像探路的小石子,并没有什么杀伤力,不会在对方那里引起过激的反应。面对这些没有杀伤力的问题,应答者在回答问题的过程中会放下心里的戒备。

高程去参加高中同学的婚宴,由于堵车,当他到达酒店的时候,结婚典礼已经开始,高程只好在靠近门口的一张桌子上落座。还好这一桌大都是新郎的高中同学,大家也趁这次机会开始了解彼此的近况。但是坐在高程旁边的一位女孩儿却显得很不自然,高程看这位女孩儿不是他们的同学,又想认识这位漂亮的女孩儿,就给她倒了一杯饮料,然后问道:"你是新郎的朋友还是新娘的朋友?"

女孩儿谢过高程之后说道:"我是新娘的大学同学。前几天收到她的请柬,今天赶过来参加她的婚礼。"

高程:"我是新郎的高中同学,听说新郎新娘在同一所大学读书,新郎也是你的校友,你们不认识吗?"

女孩儿:"我们不是一个专业的,我和新郎不太熟悉。我和新娘很熟悉,我们是一个宿舍的舍友。"

高程:"那你一定知道他们是怎么认识的了,是不是很浪漫的邂逅呢?"

女孩儿:"说到两个人相识,倒是有我一份功劳。有一次我让室友帮我充话费,在输入号码的时候她按错了两个数字,结果话费就充到了新郎的手机上。室友想要回话费,两个人就这么认识了。"

高程:"这么说来你也算是媒人,不知道媒人怎么称呼?"

女孩儿:"我叫……"

第七章
巧妙提问：会问是本事，巧答看实力

在社交场合，面对初次见面的人，提问题一定要谨慎。由于初次见面，对方并不了解你的动机，所以当你提问题时，对方出于自我保护的本能往往会有所戒备。他们会在自己面前筑起一堵墙来保护自己，有时为了保险起见，甚至拒绝回答问题。

要想打破那堵墙，最好用探路式的问题开场。探路式的问题就像投入湖水的石子激起的涟漪，可以一点一点地冲刷掉对方的心理防线，打破两个人沟通的壁垒。两个人的交流一旦变得顺畅，想从对方那里听到真话也就容易很多。

在对方最在行的领域提问，拉近距离

虽然人们不愿意与陌生人打交道，但是由于工作和生活的需要却不得不去靠近陌生人，并想方设法让陌生人对我们产生兴趣，为双方建立良好的关系打下基础。然而，人们潜意识里的自我保护意识，却让这一过程变得非常困难，因为没有谁愿意向一个陌生人打开自己的心门。但这并不代表无路可走，只要方法得当，对方一定会接受我们的靠近，而在对方最在行的领域提问，是拉近双方距离最有效的办法之一。

心理学家的研究显示，要想让别人乐于回应我们，就要挑对方擅长的领域提问。在谈话的过程中，只要找准对方的兴趣，知道对方擅长的领域，然后选择合适的问题，就一定能够让对方打开话匣子。当对方的话匣子打开之后，你听到真话的机会也就来了。

比如和一位象棋高手聊天，就可以从下棋的乐趣入手，问一问对方下棋的心得、各个棋子的运用方法、有哪些难忘的棋局等。如果你自己也懂一点象棋的话，两个人会聊得更加投机。总之，要想让对方放开聊，

就要多聊对方得意之事，这样才有可能听到真话。

孙海大学毕业之后创办了一家广告公司，由于是新公司，几个月都没有接到多少业务，仅仅能够维持收支平衡。这天，他从朋友那里得知，本市一家大型房地产开发公司要为新楼盘宣传造势，想要寻找合适的广告公司合作。孙海明白，如果能把这个单子拿下，公司的经营状况将有极大的改观。在做了一些准备之后，孙海走进了这家房地产公司的办公大楼。

孙海并没有与这家公司的宣传主管接洽，而是直接找到了董事长。在谢过董事长的接待之后，孙海并没有急于表达自己想要与对方进行合作，而是向这位董事长问道："我知道您是建筑工人出身，创业之初组建了一个建筑队，只有十几个人。我想问一下，您是如何一步步取得今天的成就的？"

孙海这几句话让董事长回想起他艰苦创业的阶段，那段时间的艰难困苦好像就发生在昨天。董事长看着眼前这个年轻人，仿佛看到了当年的自己，于是，他向孙海讲述了自己当年如何萌生创业的念头，又是如何带领只有十几个人的建筑队在这座城市里拼杀。在讲到自己得意的成果的时候，这位董事长眉飞色舞；当讲到自己带领团队一次次闯过生死攸关的关卡时，他又会唏嘘不已。董事长越说越投入，完全把孙海当成了合作多年的伙伴。

在董事长向孙海大谈自己创业经历的时候，秘书走了进来对董事长说："这是宣传部送来的三家广告公司的资料，请您审核一下。"董事长表示自己稍后会看。在秘书退出办公室之后，孙海接着问道："您开发的每一个楼盘都有自己突出的特色，不知道这次的新楼盘您想要展现什么样的特色？"

对于孙海的这个问题，董事长没有做任何保留，和盘托出。有了这些想要的内容，孙海在随后的竞争中击败了所有对手，获得了这次合作的机会。

人们都有获得认同和尊重的心理需求，比如向他人展示自己的成就，以期获得他人的尊重与赞赏。心理学家的研究显示，当讨论对方得意的事情时，最能满足对方的自尊需求，也最能让对方打开话匣子。孙海就是抓住了这一点，并以此为切入点提出问题，让房地产公司的董事长大谈自己的得意之事。这样的交流，让董事长的内心得到了极大的满足，孙海想要的真话也就被"套"了出来。

想用问题打开谈话的局面时，一定要观察对方的兴趣所在、擅长所在。然后以此为切入点提出问题，对方的兴致自然就被调动起来了，你想要的真话也会被对方毫无保留地说出。

学会设置提问的"心理陷阱"

我们常说"害人之心不可有，防人之心不可无"，在日常交流中很多人也会抱这种心态。当面对内心充满戒备、对我们没有丝毫信任的交流对象时，要想从他那里听到真话，并不是一件容易的事，这时，我们不妨设置几个"心理陷阱"，掩饰自己探听真相的意图，打消对方的疑虑，让对方把真话说出来。

想要通过设置"心理陷阱"打探真实的信息，设置的陷阱必须巧妙、隐秘，不能被对方发觉，否则只会让对方更加谨慎，让沟通更加困难。设置陷阱的要点在于麻痹对方，只有对方处于完全放松的状态时，我们才有可乘之机。

张闯是一栋商务写字楼的保安经理，负责写字楼的安保工作。最近他经常接到客户的投诉，说他们的办公用品总会莫名其妙地丢失。张闯经过检查发现，不光是客户的办公用品有丢失，写字楼里的消防器材也丢了一些。

张闯调出写字楼的监控录像进行查看，并没有发现什么，作案人员完美地避开了摄像头，张闯怀疑这是内部人员所为。写字楼里的消防器材不可能在白天被拆除，只能是晚上作案，张闯把嫌疑人锁定在几名夜班保安身上。

星期一晨会时，张闯把所有保安叫到了办公室，在会上，张闯说道："最近很多客户投诉办公用品总是莫名其妙地丢失，写字楼里的消防器材也丢了不少，但是查看监控录像并没有发现异常，也就是说这是熟悉监控盲区的同事干的。这件事影响很坏，但是我还想给这位同事一个机会，只要他在今天向我承认错误，我会给他改正的机会。如果不好意思当面承认错误，也可以给我打电话、发短信，我的手机号码你们都知道。还是那句话，只要你能承认错误，我保证既往不咎，如果到明天这个时间你还不认错，我就只能按制度办事了。"

张闯一边说一边观察每个保安的反应，他发现夜间保安郑地显得很紧张，其他保安都很坦然，张闯明白，这件事情八成就是郑地所为。

第二天早晨，仍然没有人主动承认。张闯把郑地叫进了自己的办公室，郑地走进办公室的时候明显有些心虚。

张闯打过招呼之后，示意郑地坐下，然后给他倒了一杯水，说道："郑哥，在这群保安当中，你的资格最老，在这里工作时间也最长，今天叫你过来，就是想向你请教一下咱们的安保工作还有哪些缺陷，还有哪些地方需要改进。"

听到经理的问题，郑地暗暗松了一口气，他假装客气地说道："我

第七章
巧妙提问：会问是本事，巧答看实力

就是做做巡逻，检查检查消防器材，哪能知道有什么缺陷呢？"

张闯接着说道："话不能这么说，你们一线的员工更能发现问题。咱们保安公司本来想再安装一些监控设备，全面覆盖那些监控盲区，但是在与客户商讨分摊工程款的时候出现了分歧，这项工程就没批下来，所以需要你们这些一线员工多提建议，完善咱们的安保工作。"

张闯就这样不停地向郑地询问如何改善写字楼的安保工作，态度很诚恳。郑地紧张的心情慢慢放松下来，他开始向张闯指出安保工作上的一些不足，并提出了改进的建议。张闯认真地记录，不时表示赞许。

就这样，两个人谈了半个多小时，郑地完全放下了戒心。张闯在送郑地出去的时候突然问道："郑哥，你是怎么把消防器材运出去的？"

郑地脱口而出："一号通道那里是监控盲区……"话还没说完，郑地已经意识到自己说漏了嘴，顿时不知所措。几个小时之后，郑地被公安机关带走了。

要想从一个内心充满戒备的人那里得到真相，首先要消除他的戒备，让他放松心情。只有在对方处于完全放松的状态时，真相在他的内心才不会被珍视，也才会有脱口而出的可能。

生活当中，有时候出于某些原因，人们并不愿意向别人说出某件事，因为要保护真相，其内心充满戒备。在这个时候，如果想要得知真实的信息，就需要在提问的时候设置一些"心理陷阱"，掩饰自己的真实意图，先让对方的心情放松下来。当对方向你敞开心扉的时候，也就是抛出真正问题的时候，对方会无意识地把真相说出来。

好话也能催眠,先赞美再提问

每个人都希望听到他人对自己的欣赏和赞美,这是人性。美国心理学家经过对大量对象的深入调查得出结论:人类内心深处最为渴望的就是获得赞美。可以说,在不被物质困扰的时代,获得心理的满足成为人们的追求,而他人的赞美,恰恰能够使人得到心理上的满足。

马克·吐温曾说:"一句赞美的话能够当我十天的口粮。"对于他人的赞美,人们总是乐于接受,并看作是对方对自己的认可。在人际交往过程中,赞美能够缓和社交场合的气氛,起到良好的润滑作用。在向对方抛出问题的时候,如果能够先赞赏对方一番,自己的问题也会受到对方的重视,进而得到真实的答案。

苏明是一家保险公司的销售人员,一直以来,他都想向一家科技公司的高级主管李成推销保险。无奈李成对保险有很大的抵触情绪,所以苏明屡次碰壁,苏明很想知道李成为什么对保险如此厌恶。

后来,苏明了解到李成酷爱旅游、探险,便学习了很多旅游和探险的知识。做足准备之后,苏明再一次拜访了李成。这次拜访,苏明没有和对方讨论保险,而是对李成拍摄的照片赞叹不已:"早就听说李总酷爱旅游和探险,每年都要出门旅游或探险。这些照片都是您拍的吗?真是太了不起了。"看到苏明对自己拍的照片感兴趣,李成开始介绍这些照片的拍摄过程,以及在旅游和探险的时候遇到的千奇百怪的事情。

随着聊天的深入,两个人渐渐聊到了旅游和探险过程中的危险,苏

第七章
巧妙提问：会问是本事，巧答看实力

明趁势将话题转移到了保险上。苏明再次询问李成为什么对保险如此抵触，这一次李成实言相告，原来三年前李成曾被一家保险公司欺骗，导致他对整个保险行业有了抵触情绪。听完李成的话，苏明说道："保险行业确实良莠不齐，但是我们公司在行业内的口碑很好。另外，对于您这样的成功人士，不应该因一次失误就放弃整个行业。而且，保险确实可以为您这样酷爱探险的人士提供保障，让您免去后顾之忧。"李成点了点头，并主动签了保险协议。

人与人之间很容易出现分歧，如果我们能够给对方恰当的赞美，双方的矛盾就可以得到缓和。俗话说：良言一句三冬暖，恶语伤人六月寒。赞美的话语人人爱听，它能够让对方感到愉悦，能够让双方的沟通变得更加顺畅。所以，在向对方提出问题之前，不要忘了赞美对方。得体的赞美能够让对方关注自己，也有助于自己获得想要的信息。

一位母亲想要给在外地上学的女儿汇款，可是不知道汇款单如何填写，她想让大堂经理帮帮自己，可是看到对方心情不好，不敢贸然上前打扰。后来她发现这位大堂经理戴着一个很漂亮的胸针，于是上前说道："姑娘你好，你这个胸针真漂亮，是在哪里买的呢？我也想给我女儿买一个。"大堂经理看着眼前这位母亲，脸上的神色缓和了很多，说道："就在银行对面那个饰品店买的，里面有很多漂亮的胸针。"这位母亲又对大堂经理称赞了几句，然后说道："姑娘，我想给闺女汇款，但是不知道怎么填汇款单，你能帮帮我吗？"大堂经理欣然同意。

其实人们内心深处都渴望获得他人的认可和赞同，在人际交往中，

赞美更是必不可少的。托尔斯泰曾说:"就是在最好的、最友善的、最单纯的人际关系中,称赞和赞许也是必要的,正如润滑油对轮子是必要的,可以使轮子转得快。"因此,要想让自己的提问能够得到回应,不妨在提问之前先赞美对方。

第八章

最舒服的聊天：说话有分寸，和谁都能聊得尽兴

会说话的人更加讨人喜欢，说话有分寸在人际交往中会起到意想不到的作用。聊天谁都会，但是能够在不同场合都聊得让人愉悦，才是真正地会聊天。

第八章

最舒服的聊天：说话有分寸，和谁都能聊得尽兴

我们为什么要说"场面话"

当我们提到"场面话"时，多数人认为那是虚伪、空话、假话，这样理解场面话，无疑是陷入了思维的误区。场面话是一种艺术，是人们多年来总结出的金玉良言，场面话说得好，甚至可能为我们打开一片新天地。

有人的地方就有"江湖"，要想在"江湖"中左右逢源、游刃有余，适当说些场面话是有必要的。有些人不愿说场面话，他们认为这是虚情假意，其实，适当说场面话，对我们的工作和生活有很大的帮助。因为我们不可能只和自己愿意交往的人打交道，碰到陌生人、性格上与我们格格不入的人，要让他们接受我们的意见或改变他们的观点，必须说些场面话。

古往今来，不论是圣贤名士，还是市井下人，都爱听好话，遇到烦恼或不快时，旁人只要说几句顺其心意的话，便能拨开云雾见青天。

《宋史》记载，有一天，宋太宗在北陪园与两位重臣喝酒，边喝边聊天，很是尽兴。酒兴正酣，两位重臣竟然在宋太宗面前比起了功劳，都争着嚷嚷自己的功劳大，完全忽视了宋太宗还在旁边，忘记了君臣礼仪。

旁边的侍卫看不下去了，向宋太宗奏请，将这两位重臣抓起来送到吏部治罪。当时宋太宗微醉，只是草草撤了酒宴，派人把这两位重臣送回家。第二天，两人从沉醉中醒来，才意识到昨天发生的事情，惶恐万分，立即进宫向宋太宗请罪。宋太宗看着他们战战兢兢的样子，

轻描淡写地说："昨天我也喝醉了，不记得这件事情了。"

是宋太宗真的不记得了吗？大家都心知肚明，一方面，宋太宗保全了自己作为皇帝的"面子"；一方面也警示这两位重臣，以后说话做事要符合自己的身份。宋太宗作为万人之上的皇帝，适时地说了句场面话，既表现了他的大度，也收买了人心，可谓一箭双雕。

日常生活中，我们要根据时间、地点、对方的身份（年龄、性别、职业等）以及和自己的关系，恰当地有选择性地说话，这样才能赢得好人缘儿。我们说话，不管用了多么华丽的辞藻、说得多么悦耳动听，如果没有拿出真诚，一切都是徒劳，因此我们要拿出百分之百的真诚说话、做事，这才能在人际交往中受欢迎。

说话要留余地，别给自己挖陷阱

《菜根谭》中说"待人而留有余，不尽之恩礼，则可以维系无厌之人心；御事而留有余，不尽之才智，则可以提防不测之事变。"这句话告诫我们的是，为人处世一定要给自己留余地，不要将自己逼进死胡同，不要自挖陷阱自己跳。

自以为是、骄傲自大的人总是在说话的时候用十分绝对的词语，他们冲动的大脑不会给自己留后路，一旦事情没有按照他们预想的那样发展，后果就会不堪设想；而机智会说话的人总是考虑得比较周全，他们不会冲动，在语言措辞上常使用一些委婉、含糊的词汇，给自己一个可以回旋的余地。

儒家的中庸之道可以运用在说话上，话说太绝，或者话没有说到位，都会影响自己在别人心目中的形象。说话要给自己留有余地，不要自己

第八章

最舒服的聊天：说话有分寸，和谁都能聊得尽兴

挖陷阱，自己掉进去。

李兰来到公司已经半年了，她的做事能力非常强，这也是她骄傲自大的原因。她做事吹毛求疵，只要同事有一点儿小毛病她就借机嘲讽，自己却在领导面前大显威风，就这样她在同事心目中的形象越来越差。

最近，公司又有一个新项目，李兰成为这个项目的策划负责人。与往常不一样的是，这个项目更难、更容易出错。李兰一口接下来，并说道："领导放心吧，我一定把这个项目策划做到完美，让您满意，您要是不满意的话，我任您处置。"

事实上，李兰并没有重视这个项目，她以迅雷不及掩耳之势迅速将项目策划案做好，完全是照搬照抄之前的项目流程。

公司领导见到李兰这么快就上交了策划案格外高兴也十分吃惊，领导说："不愧是我们公司的精英，办事效率就是高。"事情过去几天，李兰还在幻想领导给自己提职的场面，突然电话响了，随后李兰就去了领导的办公室。从办公室出来，李兰哭丧着脸，同事们小声地议论着，随后，人事部助理宣布解雇李兰。

原来，李兰因为疏忽大意将策划案的数据弄错了，并且由于策划案中缺乏对对方公司的了解和介绍，让合作公司十分不满，公司也因此丧失了这次合作机会，给公司带来了不小的损失。

当初的那句"领导放心吧，我一定把这个项目的策划案做到完美，让您满意，您要是不满意的话我任您处置"，换来的却是被公司解雇，要是当时话没有说那么绝对，给自己留一些余地，说不定结果会不同。

聪明的人说话是委婉的，而非绝对的，他们在说话之前会考虑到后果，绝对不会说超过自己能力范围的话来显示自己的能力。

总之,山外有山、天外有天,世界这么大,总有比自己能力强的人,所以,做事说话一定要保持谦虚的态度,不能骄傲自大,戒骄戒躁才能让我们离成功更近。

指出别人的错误时让其有面子

指出他人的错误,帮助其改正错误,是一件有益的事情,但是,在表达的时候应该有所顾忌,不要让对方无地自容,下不了台。指出对方的错误时,最好采用委婉的方式,这样对方容易接受,效果也会更好。否则,不但无法帮助对方改正错误,反而会影响两个人的关系,那就与我们的初衷背道而驰了。

在中国,面子代表了一个人的尊严,正所谓"打人不打脸,骂人不揭短",说的就是这个道理。所以,在指正别人错误的时候,一定不能伤到对方的脸面,否则就是好心办坏事。

比如,领导者批评下属,帮助其纠正错误,是天经地义的事情,不过,在追求人性化管理的今天,批评教育也要讲方法,才能收到预期的效果。显然,上级批评下属不能高人一等,也不能任意妄为超越正常的管理底线。

在公司的企划案研讨会上,经理细心地审阅着报送上来的设计方案。看到张亮的设计方案,经理面露难色,眉头紧皱,因为张亮的字写得比较宽大,把页面的格子都塞满了,看起来很不舒服。

于是,经理不经意地说:"小张啊,你的字该减减肥喽!"大家听完哈哈一笑,张亮也不好意思地笑了,然后回了一句:"我一定多加练习。"

第八章

最舒服的聊天：说话有分寸，和谁都能聊得尽兴

看似让下属丢脸的事情，被经理一句幽默的话化解了，原本尖锐的批评也变成了和睦融洽的交流。显然，经理照顾到了张亮的颜面，所以这次批评显得更富有人情味儿。

批评是为了让他人认识到自身的不足并改正，然后更好地做人做事。经验表明，采取他人容易接受的方式说话，更能增进彼此的信任与理解，让他人感受到善意。

在批评下属的时候，如果能从正反两个方面给予评价，无疑会更加客观公正，更容易被下属接受。也就是说，批评中不忘肯定对方的优点，将夸奖和批评结合起来，有助于解决问题。

美国第三十任总统柯立芝有一位漂亮的女秘书，她做事粗心大意，处理公文时经常出错。

这一天，女秘书穿着一身漂亮的新套装来到白宫。柯立芝微笑着上前打招呼，并夸赞道："这身衣服真漂亮，非常适合你这种年轻貌美的女子。"女秘书被柯立芝夸得心花怒放，喜形于色。

随后，柯立芝又说："我相信你也能把公文处理得这么漂亮。"女秘书听完这句话，立刻明白了总统的意思，不禁羞红了脸。在以后的日子里，她果然对工作很上心，也很少犯错误了。

柯立芝的一褒一贬，轻松指出了秘书工作中存在的问题。如果他当面训斥秘书，必然会把彼此的关系弄僵，而借助精准的表达，不仅让秘书体会到了上级的友善，更有助于督促其改正错误。

没有人喜欢盛气凌人的对话方式，即使你是正确的。避免让他人产生逆反心理，并积极接受你的劝导，最有效的方法就是和风细雨，用合适的表达方式，既指出对方的错误，又让其保住面子。

在纠正别人错误的时候，一定要采取委婉的方式，切勿让别人丢了面子。否则，错误没有纠正过来，还会让两个人的关系变糟。

说话有道理，也要有效果

人与人之间的对话是建立在知识储备和生活经验之上的，在传递信息的同时达到沟通的目的。

提到台湾作家李敖，我们首先想到的是他"敢说敢言"的性格，甚至有人说，听李敖骂人也是一种享受。之所以这么说，是因为李敖在骂人时会用各种各样的证据来支持自己的观点，人们认为李敖骂人不是无凭无据，反而很欣赏他依理说话、依理做事的风格。

说话要有道理，也要有效果，在说话之前除了进行逻辑上的事理分析和安排，还要考虑这样说的效果如何，能否打动、说服听众。

第二次世界大战期间，英国首相丘吉尔到美国首都华盛顿会见罗斯福总统。会谈中，他提出两国合力抗击德国法西斯，并要求美国给予英国一定的物质援助。这一提议得到了美国的积极回应，丘吉尔受到了热情接待，被安排住进了白宫府邸。

一天清晨，丘吉尔正躺在浴缸中惬意地休息，手中还点着一根特大号的雪茄。忽然，一阵急促的敲门声响起，随后罗斯福破门而入。被惊吓到的丘吉尔立刻站起来，来不及找到衣服蔽体，就被罗斯福撞见了。两国首脑在这种情景下相见，场面非常尴尬。

这时，丘吉尔充分发挥了自己的幽默才能，他把烟头一扔，说道："总统先生，我这个英国首相对你可是坦诚相待，一点儿隐瞒都没有啊！"说完，两个人哈哈大笑。

第八章

最舒服的聊天：说话有分寸，和谁都能聊得尽兴

有了这个小插曲，双方的会谈也变得更加愉快，各项协议签署得异常顺利。或许，正是丘吉尔的幽默发挥了积极作用吧。那句"一点儿隐瞒都没有"，不仅仅是为了调侃打趣，缓解尴尬的局面，更准确表达了坦诚相助、彼此信任的情谊。

丘吉尔不愧是叱咤风云的政治家，谈笑间打破尴尬的局面，还以此为契机拉近了彼此的距离，增进了友谊，其幽默谈吐令人叹为观止。借助幽默的谈吐来加强交际的生动性和亲切感，已经成为一项重要的能力，在未来的日子里，如果你想结交更多朋友并与他们建立良好的关系，不妨从训练幽默的谈吐入手，打开沟通的大门。

除了幽默，还可以借用各种修辞方式增强说话的效果，让你的分析更有说服力和感染力，令听众印象深刻，产生强烈的共鸣。

我们在生活中经常能碰到这样的人：虽然满腹经纶，非常有学问，但由于表达能力差，常常让听者觉得云里雾里，不清楚他到底想说什么。说话时想要做到"言之有物"、"言之有效"，可以从以下几方面入手。

首先，让自己的头脑充实起来，平时多读书，多与人交往，丰富个人阅历。

其次，说话时一定要自信。如果自己对说的话都没有自信，就更无法说服他人了。因此，讲话时一定要充满自信，不要惧怕说错话，自信能带给人坚定的信念，增强话语的可信度与说服力。

最后，选对时间说话，把握好时机。把握好时机，往往就成功了一半。如果你想说服某个人，一定要仔细观察对方的心情，然后选择合适的时机进行劝说，这样不仅能够增强讲话效果，还能够提高成功几率。

在交谈过程中，不同的话会带给别人不同的心理感受，人们关注的不仅是事理，还有其中的情感色彩，这恰恰是想要说话有效果该注重的。

说气话会让你后悔一辈子

发现事情与自己的期望不符，人就会产生愤怒这种负面情绪，以表达内心的不满。表面看来，愤怒令人畏惧，实际上却暴露了当事人无助的一面。

说气话极具破坏力和杀伤力，甚至能毁掉一个人。比如，期待已久的晋升机会被另一个同事得到，当事人很容易情绪低落，甚至变得愤怒。如果无法摆脱愤怒，很可能会说出过分的话，甚至作出一些过火的举动，让自己陷入厄运。

当年，铁血宰相俾斯麦能够力挽狂澜，带领德国走上强国之路，离不开国王威廉一世的信任与支持。而后者情商极高，善于处理各种不良情绪，显示了一个领导者应有的素养。

有一天，威廉一世回到后宫，气得乱砸东西。王后看到关切地问："俾斯麦那个老头子又让你生气了吧？"

"是呀！这个老头太顽固了，根本不把我放在眼里。"威廉一世坐下来，看起来余怒未消，又无可奈何。

王后说："一个国家的君主怎么能忍受大臣的责难呢？干脆罢免俾斯麦，找一个听话的人代替他！"

可是，威廉一世并不赞同这么做，反而帮俾斯麦说好话："作为大国的首相，他要领导很多人，难免有各种烦恼。他受了气怎么办啊？只

第八章
最舒服的聊天：说话有分寸，和谁都能聊得尽兴

好冲我发泄！我身为一国之君又能怎么办呢？只好摔东西！"

身为一国之君，威廉一世非常清楚俾斯麦对德国的重要性，因此，即使后者桀骜不驯，他也没有当面大发雷霆，而是回到后宫发泄不满。在俾斯麦面前，威廉一世没有成为不良情绪的俘虏，而是展示了宽容、识大体的风度。

一个人脾气暴躁、性子急，做事的时候就会头脑发热，把握不好分寸。脾气太大的人，且不说别人受不了，自己心里也难受。即便自己本事再大，也要谦和一点，否则，别人当面不敢发作，背后肯定不服气，最终会让你失去良好的人际关系。

一个人只有戒除急躁、远离忧郁、放下悲伤、丢掉抱怨，才能理性思考、理智做事，才能处理好各种关系，把事情做得妥善、圆满。

人是情绪化的动物，因为一时冲动而怒不可遏，往往会把局面搞砸，最后无法收拾，说话办事懂得控制冲动和任性，无疑是一个人成熟的表现。

第九章

会圆场的人,走到哪里都受欢迎

在复杂的交际过程中,需要我们能"圆"则圆,即适当的场合变得"圆滑"一些,这种人际交往能力总结一下就是:善于化解矛盾、避免尴尬、打破僵局。

第九章
会圆场的人，走到哪里都受欢迎

既不赞成也不反对的态度

人际关系之所以错综复杂，缘于利益纠葛，妥善处理好各种关系，需要极高的圆场能力。

在有些场合，仅仅用是非、对错评判眼前的局势往往无从下手，如果能找到微妙关系的契合点，那么就能让僵化的关系变得缓和，进而找到化解矛盾的机会。显然，说圆场话的时候要懂得委婉表达，有些东西不能言明，凡事应留有余地。

中国人有"是非"观，但是没有"是"，也没有"非"，大家常说的一句话是"很难讲"。

抱持既不赞成也不反对的心态包容一切，理解了这一点，就能弄懂人们处理关系时说的话以及背后的逻辑。

对某件事模棱两可，这种态度其实是一种独特的模糊哲学。生活中充满了变数，对人和事的把握不能采用僵化的观点，应该看到过去、现在和未来。

西方人做饭遵循标准工艺，是精确哲学；中国人做饭一次一个味道，是模糊哲学。除了做饭，中国人说话办事也秉承了模糊哲学的智慧，在不确定中进行判断，自有一套逻辑。

水至清则无鱼，人至察则无徒。湖水太清澈，就没有鱼儿栖身了，因为那会非常不安全；对人体察得太清楚，就不容易和对方建立信任关系了，因为人失去了身心栖居的环境。

人们之间应保持一定的距离和神秘感，这样才能给别人留下腾挪的

余地。说圆场话的时候，不必说得太清，否则容易把关系搞砸，在模糊中把握人和事的远近、轻重，才是圆场话的正确打开方式。

会说圆场话，不做冷场王

所谓"冷场"是指在交谈、聚会或议事、谈判过程中由于忘词、误场、不感兴趣等原因造成的无法接词的现象，这是交际中最令人窘迫和忌讳的现象。

人们在交谈时通常会选择一个话题作为谈话的开始，然后大家围绕这一话题发表各自的见解和看法，之后再转向下一个话题。话题选择合适，谈话便能顺畅地进行下去；话题不合时宜，无法吸引大家的兴趣，交谈便无法进行，这便是冷场。

出现冷场局面后，如何再将氛围活跃起来很重要，同时这也是谈话达人的一项基本沟通能力。

湖南卫视著名主持人汪涵就是一个很会圆场的人。有一次，汪涵作为一个选美节目的主持人，在现场遇到了冷场的局面。

一位湖南老乡参加节目时被要求用湖南话夸赞一下汪涵，但是由于太紧张，这位选手用纯正的普通话说："你很帅，非常帅！太帅了！"结果台下观众齐刷刷地望向汪涵，出现了令人尴尬的冷场局面。

"虽然说的不是湖南话，但是我还是特别开心，因为大家都听懂了。"汪涵凭借这样一句话将冷场打破，使现场氛围又活跃起来。

在一次同学聚会上，小张也采用了很巧妙的方法为自己圆了场。

第九章
会圆场的人，走到哪里都受欢迎

小张与小李曾是同桌，两人关系很好，因而说话便少了一些禁忌。聚会的餐桌上，小张在玩笑中总是提到小李的丈夫，小李却一直沉默，没有理睬，场面无比尴尬。

就在这时，一位知情的同学附耳偷偷告诉小张："小李的丈夫前不久去世了！"得知此事，小张顿感自责，马上想办法补救，他先抽了自己一巴掌，然后略带自嘲地调侃道："看我这嘴，20年过去了，还和当学生时一样没把门，胡说八道，欠抽，实在欠抽！"

小李听后，虽然心里不高兴，但还是原谅了小张的唐突，笑着说："不知者不为过，事情已经过去了，我们聊点其他的吧！"

汪涵采取巧妙的解释进行圆场，小张则急中生智，运用自我调侃、低调退出的方法为自己找了一个台阶下，巧妙地使聚会得以顺利进行下去。

那么，我们怎么才能说好圆场话，而不做那个冷场王呢？下面是一些常用技巧。

（1）调侃自嘲，转换话题。

如果是因为自己的失误造成冷场的局面，最好的办法就是多调侃，少掩饰，多自嘲，少自负，低调退出，为自己找台阶下，然后巧妙地转换到另一个话题，在尴尬中迅速调整自己，变被动为主动。

（2）迎合多数，激发兴趣。

在谈话中介绍大多数人感兴趣并有可能发表看法的话题，吸引大家的注意力，并就地取材，引出新的话题，激发大家重新开口的兴致。不过，在提出话题前，一定要对他人的兴趣爱好有一定的了解。

（3）幽默化解冷场。

冷场局面出现并不可怕，关键是如何应对。我们可以用幽默摆脱冷场，必要时以自己为例，"幽自己"即自黑，使大家感到轻松、愉悦。

幽默是交际过程中的润滑油，几句幽默的话便能使双方在笑声中相互谅解。

（4）耐心等待，察言观色。

假如在交谈过程中你的话题被打断怎么办？没关系，我们可以耐心等待，这种中断是正常的，等对方说完，我们仍然可以继续原来的话题。假如谈话双方对彼此比较陌生，为了避免冷场，就要学会察言观色，寻求共同话题，进行"暖场"大讨论。

（5）自我反省，赞美他人。

如果冷场是由于自己太自以为是或别的缺点令对方无可奈何导致的，则要进行自我反思、自我批评，并对对方的优点进行适度的赞美和欣赏，这样可以避免对方对自己反感。

听到赞美的话要表示感谢

人人都喜欢听赞美的话，但是，一些人却不习惯对他人的赞美说"谢谢"，殊不知，这是一种不礼貌的行为。

"你这件衣服真是太漂亮了！"

"你的儿子好聪明啊！"

"你新剪的发型真的好棒！"

听到别人的赞美，许多人往往说——

"你又笑话我？"

"哪里啊，没那么好。"

"快打住，说得我都难为情了！"

为什么如此对待别人的赞美呢？当别人对你大加赞扬时，为什么要转开话题，顾左右而言他呢？或许我们都有谦虚的美德，但是那并非是

第九章
会圆场的人，走到哪里都受欢迎

令人满意的答案。在社交活动中，坦然接受他人的赞美，回答一声"谢谢你"，主动表示感谢，是一个人应有的修养。

在一次家庭聚会上，孙浩遇到了表姐的丈夫吴晨，两个人只有一面之缘，并不熟悉。为了不让场面尴尬，孙浩主动称赞吴晨："表姐夫一表人才，和金城武有些像呢！"吴晨听了暗自嘀咕："我像金城武？你的嘴巴简直像抹了蜜一样甜。"

吴晨尽管暗自不满，但还是觉得应当礼尚往来一下。他观察了一会儿孙浩，竟发现他有些地方长得有点像周杰伦，于是说道："我哪有金城武长得帅啊，反而是你，和周杰伦长得有点像呢！"

孙浩听了非常开心："对呀，被你发现了！其实从高中开始，就有人说我长得像周杰伦呢！"结果，两个人越聊越开心，很快熟络起来。

其实，从来没有人说吴晨长得像明星，但是孙浩随口而出的一句话让他找到了聊天的灵感。面对他人的赞美，最好的办法就是用赞美的话来回应。他人赞美你一句，你回应一句赞美，这便是人际交往之道。

对他人的赞美，给予冷冰冰的回应，是在糟蹋别人的善意和热情，是大煞风景的。对他人的善意给予微笑或感谢，用热情来回应，这比所谓的谦逊好多了。生活需要改变，你可以尝试着说一声"谢谢你"，感觉会完全不一样，会让人觉得如沐春风。

记住，自贬身价并非谦虚，妄自菲薄只因自卑感作祟，改变自我贬抑的习惯，敞开胸怀，接受赞美，人生才会更美丽。任何时候，千万别糟蹋对方善意的赞美。

第一，在人际交往中给予爱的回报。

微笑和爱心是人与人之间最好的桥梁，它能缩短人与人之间的距离，使大家更容易沟通和交流。对他人的爱心，我们要努力回报，听到他人的赞美，务必说声谢谢，或者给予微笑。送人一尺，换回一丈，这是人际交往的基本原则。

第二，生活中，人情练达即文章。

美国石油大亨洛克菲勒曾感慨地说："与人相处的能力，如果能像糖和咖啡一样可以买到的话，我会为这种能力多付一些钱。"许多人不善于处理人情世故，认为这是"拉关系"，其实，做人就是谈交情、交朋友，需要用心经营。

第三，任何时候都要热忱待人。语言所负载的内容除了基本的文字信息之外，还有感情信息。这种感情信息内涵十分丰富，在谈话中起着非常重要的作用。"感人心者，莫先乎情"，真挚的情感最能打动人心，让人心服口服。因此在得到别人的友善赞美时，你必须给予热情的回应。只有倾注应有的热情，表露内心的真诚，才可能迅速拉近彼此的距离，在相互信任中建立友谊、达成共识。

第四，主动跟对方友善地打招呼，找出自己与对方的共同点。得到对方的友善赞美后，你要表达应有的感谢。会说话的人，往往会从关怀对方的角度出发，说对方感兴趣的话。只有找出自己与对方的共同点，才能给对方带来亲切与温暖，从而消除与对方的陌生感，快速拉近彼此之间的距离。

最会说话的人不一定是口若悬河的人，而是善于表达热情与真诚的人。得到对方的赞美之后，必须回应对方，当你用得体的话语表达出热情真诚的情感时，你就赢得了对方的信任和好感，从而更容易与对方建立起信赖的关系。

第九章
会圆场的人，走到哪里都受欢迎

当着矮子，不说短话

金无足赤，人无完人。每个人都有自己的不足之处，这些不足之处或在性格上或在外貌上，或是显性的或是隐性的。在与人打交道的过程中，最不可原谅的便是因为心直口快，不顾及对方感受说到别人的痛楚，使得对方的尊严受到打击。如果对方是个爱记仇的主儿，可能会成为你以后人际交往中的阻力。

每个人都难免有"逆鳞"——不愿被别人触及的隐私、缺憾、伤疤等。这些属于个人的私人问题，与旁人无关，我们要在了解他人的基础上给予尊重，万万不可因为粗心大意，而"不小心"碰触他人的"逆鳞"。比如，在比较胖的女同事面前说增肥的事情，在股票被套牢的同事面前谈自己哪只股票涨了，在离婚的亲友面前谈婚后生活的不快……这样因说话不经过大脑而触及别人的伤疤，轻则使得你失去一个朋友，重则对方会暗地里诋毁你，使你落下骂名。

与人交往，尤其是说话的时候，不可不察言观色，从而把握好谈话的尺度。在交谈中，不能说他人的短处，并且为了谈话的愉悦，要懂得运用技巧去渲染气氛。这种不会触及他人痛处的做法，便是"矮子面前不说短话"。会说话的人不会当着矮子说短话，不会触碰他人的"逆鳞"。

刘备是蜀国的开国皇帝，他的相貌有一大弱项——胡子稀少。在古代，男人是很在意胡子的，像关羽因为漂亮的胡子，而被称为美髯公，而刘备胡子稀少，在许多人看来是缺少男子汉气概。

第一次进西蜀时，刘备因为初来乍到，在他人屋檐之下不得不低头。

他放低姿态,极力想讨好益州州牧刘璋及其手下的官员,在酒席中,刘备态度谦恭、说话低调。结果,刘璋的臣属认为刘备也不过如此,飘飘然起来,甚至出言不逊。

这时候,长着一把大胡子的张裕有些嚣张地要与刘备比一比胡子,刘备顿时陷入了尴尬,而张裕不依不饶,并开起玩笑来:"长须美髯才够得上男子汉大丈夫,那些嘴上少毛的人,哪有大丈夫的气概啊?哈哈!"刘备听出了张裕的嘲笑,但是并没有发作,勉强微笑一下,很快恢复了谦和的姿态。

当时,刘备在刘璋的地盘上,所以即使有人触碰刘备的"逆鳞",他也忍了下来。半年之后,刘备领兵攻下益州,成了蜀国之主。此时,他大权在握,自然不会轻饶让他下不来台的人。诚然,刘备后来杀张裕有失君子风度,但是张裕"当着矮子说短话"着实犯了大忌。

度量人心,是与他人顺利交往的关键。言为心声,如果你在说话时戳到了对方的短处,自然会让人横眉冷对。对方看到你的敌意,又怎么会以友好的态度面对你呢?因此,在与人交往中,我们应做好以下几点:

(1)适当地自我嘲讽,调节谈话气氛。

当着矮子不能说短话,但是有时候可以通过自嘲缓和气氛。把自己的短处拿出来,适当调侃一番,可以让他人会心一笑,提升你的亲和力,拉近彼此的距离。

(2)当着矮子不说短话,要更多谈及其长处。

尽量不说涉及他人短处的字眼,比如对方肤色比较黑,就不要讨论如何美白的话题,这样才能避免成为他人的眼中钉。

(3)必须谨慎言行,与他人交谈不要搬弄是非。

有些人喜欢把他人的难言之隐当做谈资,从而满足自己"抓住别人小尾巴"的心理。想要与他人融洽相处，一定要说话谨慎，不能为了逞一时口舌之快而谈及对方的私事。朋友相处也要讲求保持恰当的距离，别去触碰他们的难言之隐，更不能在公开场合当做大家的"笑料"谈及。

总之，人与人之间的关系是相互的，将心比心是相处的原则。明知对方忌讳某些东西，在某些方面存在不足，就不要指出来，更不能去触碰。如果你能时刻维护对方的尊严，那么自然能得到他们的认同。

事情没办好，也要表谢意

会说话的人无论面对顺境或逆境，都能积极应对，令人刮目相看。不会说话的人完全不顾他人的感受，总是出口伤人，最终身边的朋友越来越少。

对待朋友和帮助过你的人，多一分理解和善念，口头上表示感谢，这种圆融的说话之道会帮你赢得更多支持。时刻怀有一颗感恩的心，多说几句感谢的话，就能处处都有好人缘。

求人办事不是"一锤子"买卖，达成目标要有持续努力、反复权衡的过程。说话办事要遵循一个原则：买卖不成仁义在。比如，对方努力帮自己办事了，但是由于种种原因没有成功，这时候聪明的人往往会适时表达谢意，绝不说过分的话。这样既维系了原来的友谊，又为日后的交往打下了坚实的基础。

第一，不说太势利的话。

事没办成，就不感谢对方，这样做不但让人寒心，甚至连朋友也做不成，以后你需要帮助的时候，谁还愿意给你捧场呢？在人际交往中，

要坚持买卖不成仁义在的原则,维持住双方的合作关系、朋友之情。说话太势利,是不会做人的表现,又怎么能成大事呢?

第二,说话办事要放眼未来。

着眼未来的人,有更多发展机会。说话办事不能只顾眼前利益,即使求人不成,甚至遭遇了冷落,也要在口头上留有余地,做到以德报怨。

及时出手,用幽默打破冷场

在人际交往的众多场合,无论是演讲、会议等正式场合,还是朋友聚餐、亲友闲聊等非正式场合,都会出现冷场的局面。这会让人尴尬,给交流带来不小的麻烦。如果你能及时出手,用幽默化解眼前的窘境,无疑会凸显你高超的社交本领。

幽默是实现良好沟通、打开话题的法宝,更被视为一个人必备的成功素养。与陌生人交往的时候,幽默能够帮助你改变原来刻板的形象,拉近彼此的距离,从而赢得更多机会。

一位推销员正在向顾客推销公司的新产品——钢化玻璃酒杯。"这种新型的酒杯非常结实,即便不小心掉到地上也不会摔坏。"为了证明所言非虚,推销员顺手拿起一只杯子扔到地上,不巧的是,这只杯子质量不合格,立刻摔得粉碎。

显然,推销员被眼前的情景吓到了,周围的顾客也瞠目结舌,立刻投来异样的目光。推销员反应机敏,马上收敛紧张的表情,对着顾客笑了笑,然后指着地上的碎片说:"大家请看,像这样质量不过关的杯子,绝对不会卖给你们。"

话音刚落,顾客都笑了起来。随后,推销员拿起五只杯子,接连扔

第九章
会圆场的人,走到哪里都受欢迎

了出去,没有一只摔坏。顾客看到这一幕,纷纷上前购买,杯子很快就卖完了。

试想一下,如果推销员摔碎杯子之后惊慌失措,不能借用幽默话术打圆场,顾客就会摇着头离开。关键时刻,推销员幽默应对,立刻化解了尴尬的场景,不但留住了顾客,还为后续测试做好了准备,最终成功推销出产品。

冷场是不可避免的,而要打破尴尬,幽默无疑是最佳手段。会说话的人会在第一时间幽默应对,吸引听众注意,创造良性沟通氛围,最终掌控局面。

语言大师林语堂说:"无论哪一国的文化、生活、文学、思想,都用得着近情的幽默滋润。"在交友、恋爱、谈判等各种场合巧妙运用幽默,可以打破冷场、化解难题,快速与他人建立融洽的关系。

第十章

把话说明白："怎样说"比"说什么"更关键

　　重点的话往往就是那三言两语，但是能把这三言两语说出来并不是一件容易的事情，这需要了解沟通情境，把握对方心理，提炼出关键性语言。

第十章
把话说明白："怎样说"比"说什么"更关键

用形象的比喻阐明严肃的道理

通俗地说，比喻就是"打比方"，是用一个事物来说明或描绘另一个事物的修辞方法，这两个事物在本质上不同，但是又有某些相似的地方。讲故事的时候，采用比喻修辞能使表达更加形象、生动，也可以让晦涩的道理变得浅显易懂。

在经典喜剧《太太学堂》中，莫里哀对"吃醋"一词做过解释，其中就用了比喻的手法。人们为什么"吃醋"及生气？莫里哀这样解释："你端着一碗汤要喝时，来了一个饿鬼，非要喝掉你的那碗汤。你不但生气，还要揍他，你说对不对？"对此，没有人表示怀疑。

莫里哀接着写道："吃醋完全和这种情形一样，女人就如同男人的一碗汤。一个男人看见别人想尝尝自己的汤，就会立刻大发雷霆。"几句话形象地将人为什么"吃醋"、为什么生气的画面描绘出来，使人恍然大悟。

讲故事的时候，在表达中巧用"比喻"，可以让故事更形象。与人沟通的时候，如果交流不当往往会引起尴尬，这时候用生动形象的比喻可以瞬间征服听众的心，拉近彼此的距离。

有一天，唐太宗问许敬宗："满朝文武百官之中，我觉得你是最有能力的一个人。然而却有很多人在我面前谈论你的过失，你说这究竟是为什么？"

许敬宗说："农夫喜爱春雨，是因为春雨滋润了庄稼，让庄稼茁壮地成长。然而，赶路的人却由于春雨的降临而无法继续前行，他们便讨

厌春雨。天上的明月照亮了四方，月下的才子佳人对月吟诗作赋，异常欣喜，然而盗贼却因为明亮的月光而暴露了自己丑恶的行为。"

"连上天都不能保证每件事都令人满意，更何况我一个普通人呢？我没有准备美酒和美食去迎合他人，更何况任何传言都不可轻易相信。

"倘若君王一味地轻信臣子，便可能引起战争和王朝的更迭；倘若夫妻轻易地相信流言蜚语，便可能离弃彼此；朋友轻信谗言，可能会断了交情；亲人轻信挑拨，就会逐渐疏远；邻居轻信谣言，会变得生分起来。因此，人听到各种传言时一定不要轻易相信，更不要去做它的传播者。"

唐太宗听了连忙叫好，说道："听你讲道理真是一种享受，你说得句句在理，我都记住了！"

许敬宗在回答唐太宗的问题时，并没有一味地讲述枯燥乏味的理论，而是通过举例子和比喻的方法表达心中所想，这种充满趣味的说话方式令人如沐春风，在一旁倾听的唐太宗连声叫好。

说话是一门艺术，把故事或道理说得生动有趣，听众自然会产生强烈的心理共鸣，认同你的观点。用形象的比喻阐明严肃的道理，需要把握好以下几点：

第一，认真研究并挖掘事物之间的内在联系，将陈述的事实或道理具体化、趣味化，含蓄委婉地展示心中所想，从而让大家接受你的主张。

第二，多用修辞手法——比喻、双关、暗示、借代等，将道理转嫁到其他事物上，让你的观点更加通俗易懂，更加耐人寻味。

第三，根据听众的类型选择合适的方法讲故事、讲道理。例如，给小孩讲道理，过多地使用修辞方法显然不太合适，因为他们的理解和联想能力有限，应该多使用小孩特有的语言。

第十章
把话说明白："怎样说"比"说什么"更关键

靠谱的人话不多，但句句都是重点

说话不是一件难事，但是说好、说到位并不容易。在沟通过程中，精准表达，让对方产生心理共鸣，是会说话的表现。如果答非所问，不着边际，显然无法让对方看到你的诚意，对方也不会认为你是一个靠谱的人。

那些能力出众的人，能够说话直指要害，并提出建设性意见，轻松解决难题，赢得一致好评。或许他们平时不苟言笑，但丝毫不会遮挡其踏实沉稳、独当一面的光环。相反，有的人平时夸夸其谈，遇上事却找不到头绪，所谓能说会道没有任何价值。

情人节的傍晚，街上到处是约会的或等待约会的年轻人。马路边，有两个擦皮鞋的摊主在招揽生意。

一个摊主说："老板，擦擦皮鞋吧，又光又亮多气派。"

另一个摊主说："约会之前，先擦一下皮鞋吧！"

结果，这两个摊位前呈现出了不同的景象：第一个摊位前几乎没有人，第二个摊主忙得不可开交。

为什么会出现这样的局面？显然，与摊主招揽顾客的说话方式密切相关。第一个摊主虽然说话很有礼貌，但是到了傍晚时分，谁又会在意自己的鞋子是否干净呢？第二个摊主抓住了年轻男女的心理，所以吸引了大量顾客。

试想一下，一会儿要与恋人花前月下，在这么浪漫的时刻把鞋擦干净，

清清爽爽地出现在心爱的人面前,这是多么迫切的需求啊!第二个摊主表达精准,所以生意兴隆。

不能精准表达,轻则影响沟通效果,重则破坏双方的关系,甚至会引发更加严重的危机。有的人很会说话,三言两语就把重点表述清楚,透过重重迷雾找到解决问题的方法。显然,这样的人思维缜密、分析能力强,做事自然顺利。

社会飞速发展,信息更新也越来越快,这就要求人们在沟通的时候能够言简意赅、突出重点。与他人交流的时候,要明白话在精而不在多,有时候说得太多反而会误事。

马东毕业后找工作的时候,害怕在面试官面前冷场,总是没话找话。每次与面试官交谈,他都会把自己的优点、缺点仔细介绍一遍,但是这样的面试从来没有成功过。

后来听一位学长说,面试的时候应该知道谈话的重点在哪里,应该明白这份工作的具体要求是什么。通常,只要针对这份工作的具体要求阐述自己的特长,表明自己有足够的能力胜任,就能引起面试官的重视。多余的话不要说,否则只会起到画蛇添足的效果。后来,马东按照学长的指导面试,果然被一家公司录用。

沟通中不能把握谈话的要点,无法与对方畅快地交流,这样的人显然缺乏掌控局面的能力。你是什么样的人,就会说什么样的话,一个不懂沟通技巧的人,当然会与不靠谱挂钩,自然也就难以赢得合作机会了。

能说会道是本事,但这并不意味着你可以毫无顾忌地高谈阔论。在说话这件事上,不懂得把握重点的人,显然还未掌握交谈的真谛。请牢记,"一针见血"的说话方式才是交流的最高境界。

第十章

把话说明白:"怎样说"比"说什么"更关键

注意保留说话的空当

有的人一开口就滔滔不绝,简直停不下来。与这样的人说话很累,因为他一句话刚说完,另一句话就紧跟着出来,不留时间让人思考、回味。时间长了,自然让人产生厌烦的情绪,渐渐地失去了与之交谈的欲望。

其实,做任何事都要保留一定的空隙,说话的时候尤其需要给听众想象、品味的时间。大家听到了你的声音,头脑中会浮现出你所说的情节,如果你言语急促,大家来不及思考,就无法让情节连贯起来。

王聪是一位老派上海人,平时喜欢打麻将。许多人喜欢电动洗牌麻将桌,他却敬而远之。在王聪看来,电动洗牌麻将桌剥夺了搓洗麻将牌的时间,而这段时间刚好可以用来谈一点儿正事。比如,随口询问一下某件事的进展情况,以及对某件事的看法和态度,几轮麻将下来,就能够促成一件事。

实际上,很多麻将玩家并不在乎牌局的输赢,而是在乎打牌空当里的谈话过程,因为谈论的内容更能增进彼此的感情,甚至能促成某些重要的事情。因此,在许多麻将玩家眼里,打麻将不仅是一种消遣,更是一种交流。

打麻将需要有空当说话,平时讲话、聊天也需要有停顿的时刻,给彼此整理思绪、调整思路的时间。会说话的人说话抑扬顿挫,非常有节奏,令听者感觉舒服。

在影视剧中,主人公说出动人的告白,通常是断断续续的,这种欲

言又止的说话方式更加委婉含蓄,更加让听者为之动容。倘若将语速加快,就会立刻失去原有的效果。由此可见,谈话的空当不仅可以给人留下思考的空间,也可以让人更加投入交谈。与急促的说话方式相比,保留空当让说话变成一种享受,让听众越听越着迷。

那么,怎样才能为说话留些空当呢?这需要说话的人留心观察听者的表情、动作等,一旦发现对方有任何不舒服的举动,就马上停下来,让对方稍作休息后再继续。此外,平时说话的时候要有意识地停顿,久而久之,就能养成说话保留空当的好习惯。

想说什么就说出来,注定完蛋

高情商者会说话,在人际沟通中懂得采取恰当的方式说话,以达到预期目的。如果你求人帮忙总是不顺利,那么不妨反思一下自己的说话方式,是否因为自己口无遮拦,无意中得罪了他人。

开口说话,有的人喜欢开门见山,有的人喜欢迂回曲折,无论采取哪种方式,都必须讲究策略,万万不可想到什么就说什么。有的人直性子,口无遮拦,自以为厚道老实,却在无意中伤害对方,惹得他人不高兴。

在我们身边,有的人讲话太直白、太露骨,让人听着不舒服,反映到人际关系上,你会发现他们的路越走越窄,朋友更是越交越少,事业难免走下坡路。

王静名牌大学毕业后,进入一家外企从事销售工作。凭借出色的业绩,她很快升任第三销售团队的主管。当初,王静因为个性耿直、为人热情

第十章

把话说明白:"怎样说"比"说什么"更关键

而选择销售工作,并凭借这一点赢得了客户的信任。当上中层领导以后,她没有适时完成角色转换,在领导工作中仍然沿用以往的说话办事方式,结果给自己带来了很大麻烦。

有一次,王静参加一个由董事长主持的会议,主题是总结上半年市场销售情况,并对下半年销售工作提出建设性意见。会议结束前,董事长请各销售团队主管逐一发言,轮到王静发表意见了,她侃侃而谈,开始说得还有板有眼,但是后来就脱离了主题,口无遮拦,甚至对市场总监的工作进行批评,对公司的销售方针也颇有微词。

于是,与会者开始窃窃私语,董事长也颇为不满。事实上,王静本想借这个机会充分表达自己的市场分析,但是却说了一些未经深思熟虑的想法,结果引起众人不满。王静并没有恶意,而是真心为公司的发展着想,她错就错在性子太直,不讲究说话的方式方法。

现实生活中,你一定遇到过这样的情况,一些看似聪明的人,好心地对你"直言相劝"。他们的意见你会欣然接受吗?是不是即使接受了,也觉得与其有了隔阂?这是人的普遍心理,所以从现在开始,千万不能做好心的糊涂人。我们在说话中应注意以下几点:

(1)换位思考,察言观色,体察对方的心理。

在人际交往中,说话的时候一定要观察对方的表情、情绪,站在对方的立场上考虑如何把话说得恰到好处,从而使得自己的人际关系更加融洽,为自己的事业发展打开通道。

(2)必须要说的话,要委婉表达。

在商场以及职场之中,有些事不能不说,可能是批评人的话,也可能是要向上级提建议,这时候就一定要委婉表达,旁敲侧击。大家都是聪明人,只要恰当的话语以及提示,便能领会。这样不仅达到了

说话的目的还赢得了一份感激。

（3）有所保留，不能有话直说。

不分场合及对象无所顾忌地畅所欲言，早晚会引火上身。言多必失，而且话太多也浪费时间及感情。

总之，说话要分人对事，万万不可想说什么就说出来，即使心直口快也要经过大脑思考，过滤掉不合适的语言，这样才能恰如其分地表达你的意图，避免引起他人的误解，招来不必要的麻烦。

说不清是产生误解的根源

语言是人类最重要的交际工具，是人们进行沟通交流的主要表达方式。说话看似简单，轻轻碰一下嘴唇就能完成，但把话说好却并不容易，也需要一定的技巧。如果不懂说话的技巧，无法清楚明白地表达真实想法，所谓的能说会道就没有任何价值。

你说清楚，别人才能听明白，这是表达的基本原则。许多人不懂得把话说清楚的重要性，在沟通中忽视表达技巧，结果令对方产生误解，带来许多不必要的麻烦。由此看来，清楚明白地表达意图，是交流、合作的前提。

首先，表达要精准。把心中的想法和意图清清楚楚地表达出来，不要故意含糊其辞，隐藏真实的想法。在措辞上，要正确使用规范用语，避免因为措辞不当引起误解。

其次，说话时要口齿清晰。有的人说话含糊，在沟通中不善于及时有效表明意图，结果引起对方误解。虽然不要求你像播音员那样说话标准、富有感情，但是清晰表达是基本的要求。

最后，说话要分场合、看对象。事实上，同一句话在不同的场合，

第十章
把话说明白:"怎样说"比"说什么"更关键

面对不同的人,表达出来的意思也可能不同。同龄人之间的玩笑话,对长辈来说可能是失礼的行为。因此,说话的时候一定要分清场合和对象,这样才能说对话、办对事。

第十一章

懂得互动，才能把话说到对方心坎里

情商高的人懂得与人沟通的有效方法，善于轻松处理各种局面，能够选择对方乐于接受或能产生良好效果的沟通方式，自然容易达成所愿。

第十一章
懂得互动，才能把话说到对方心坎里

获得认同要选对沟通方式

用什么方式说话才是高明之举呢？如何表达才能最大程度上减少误解或冲突呢？显然，选对沟通方式很重要。同样一句话，选择合适的方式可以减少摩擦，让人心情舒畅，在紧要关头赢得人心。

在《艾子后语》中有这样一个故事。艾子有一个孙子，年龄十岁左右，性情顽劣，不爱读书。因为恨铁不成钢，艾子经常拿木杖敲打孙子，但却无济于事。艾子的儿子只有这么一个孩子，非常担心出意外，因此每当父亲杖打孩子的时候，总是在旁边含泪求情。

看到儿子的可怜相，艾子更加愤怒，训斥道："我好意替你管教孩子，难道不对吗？"边说边打得更厉害了，儿子也无可奈何。

一个冬天的早晨，下着鹅毛大雪，孙子在院里开心地玩雪球，不小心扔到了艾子身上。艾子大怒，立刻脱光孙子的衣服，罚他在雪地上跪一个时辰。结果，孩子冻得浑身发抖，非常可怜。儿子碍于父亲之前的态度，也不敢求情，于是脱去衣服跪在孩子旁边。

艾子看到这种情形，吃惊地问道："你的儿子有过错，应该受惩罚，你有什么错跟他跪在一起？"儿子哭着说："你冻着我的儿子，我也冻着你的儿子。"艾子不由得笑了起来，宽恕了他们父子。

儿子的诙谐言辞令人心情愉悦，艾子不再追究孙子的过失，也不再迁怒于儿子。由此可见，选对沟通方式会让愤怒消于无形，在更多时候，它能及时弥补失言带来的过失，起到消除误解的作用。

不论是工作伙伴,还是父母与子女之间相处,都在追求"有效沟通"。有的孩子愿意听父母的话,有的孩子却厌烦听父母的意见,之所以出现这种差别,与沟通方式有很大关系。沟通方式能够被孩子接受,沟通才能顺利进行下去。

懂沟通的人一开口就令人信服。沟通情景千变万化,多种多样,怎样才能选择合适的沟通方法以达到最佳效果呢?

首先,根据对方的性格特点选择正确的沟通方式。如果对方的性格热情且外向,那么你在与其沟通时一定不要过于拘谨,可以适当地加一些肢体动作,千万不要表现得不知所措,因为那样会让对方不舒服。如果对方的性格比较内向,不善于表达,你在与其沟通时一定要放慢节奏,给对方足够的思考时间。

其次,根据对方是否在现场选择沟通方式。如果对方在场,那么选择面对面沟通是最好的。交谈时一定要态度和善,避免引起对方的反感。另外,说话时要集中注意力,尽量减少不必要的小动作。如果对方不在场,要通过电话或语音沟通,在交谈时,你一定要清楚表达心中所想,并控制好语速。研究表明,语速能够传达说话者的情绪,从而影响沟通的效果。

讲话时的动作也有"玄机"

说话时,人的嘴巴会有不同幅度的张合,伴随着说话内容以及心理的变化,嘴唇还会做出无意识的动作,比如抿唇、咬唇、噘嘴等。其实除了语言,肢体动作也是人们日常沟通的重要方式。

人在讲话时,身体往往并不是静止的,而是时而打手势、时而变

第十一章
懂得互动，才能把话说到对方心坎里

换站立的姿势、时而走来走去……其实这些看似不经意的小动作里也藏着不少玄机。说话是人与人之间最直接的交流方式，但同样也是最容易制造虚假的交流方式，以假乱真并不难，但说话时的肢体语言则做不得假。

心理学研究发现，人们讲话时的很多小动作是无意识的，也就是说，这些小动作完全不受大脑控制，而是在潜意识的影响下自然而然发生的。反过来，我们则可以根据人们讲话时无意识的小动作，看穿其内心世界。

胡小丽是某公司行政部门的主管，最近行政部来了两个实习生，小V和小L，人事部领导为此专门与胡小丽谈话，内容主要有两方面：一是以后小V和小L的工作均由身为行政主管的胡小丽负责安排；二是小V和小L都是新人，没有什么工作经验，试用期过后，公司只打算留用一人，胡小丽作为公司的老人以及行政部门的领导，在试用期期间要多多指导新人，同时要全面对小V和小L进行工作上的考察，并最终确定留任人选。

本着由简入繁的原则，胡小丽刚开始给小V和小L安排的工作都是非常简单的，比如收发快递、接听电话、来访者接待等。眼看要到月末了，又到了统计全公司人员考勤的时候，胡小丽为了锻炼新人，将这项工作分别单独交给了小V和小L，让两个人同时统计考勤，并在30日下班前将统计结果报给自己。

结果到了30日下午，两人谁也没有将统计结果报给胡小丽，于是胡小丽分别约谈了小V和小L。当问及小V为什么没提交考勤统计时，小V一脸窘迫地回答道："我对Excel表格不熟，公司人又多，再加上考勤有20多天，每天都要统计一遍，还有请假、外出的，到后来越统计越混乱……"小V越说声音越小，说完就站在那儿咬嘴唇。

胡小丽又约谈了小L，问了同样的问题，小L摸了摸自己的鼻子，十分不好意思地回答道："我本来马上就统计完了，结果电脑突然死机了，开机后文件没保存，只能重新再统计一遍了。"

在两位新员工试用期结束之前，胡小丽向人事部门提交了留任人选的报告，当人事领导询问留任小V的原因时，小丽回答道："小V事情没做好总会低着头咬嘴唇，非常自责，这说明她很有责任心，而小L说话时很爱摸鼻子，这说明她撒谎了，留任一个爱撒谎的人显然对公司不利。"

在现实生活中，人们的真实想法往往不会通过言语表达出来，而说话时不经意的小动作却会暴露人们的心理秘密。只要我们懂一点心理学，就能像故事中的胡小丽那样透过讲话时的肢体动作识人。

（1）说话时咬嘴唇。

有心理学家指出，咬嘴唇是惩罚自己的一种方式。如果对方在说话的间歇或结束后咬嘴唇，则表示其内心正处于自责中，这时我们最好多说鼓励的话，少说批评指责的话，以免给对方造成心理负担。

（2）说话时摸鼻子。

有些人说话的时候常常会无意识地捂嘴、摸鼻子或脖子，实际上这是一种下意识的"掩饰"，因为他们的话多半存在虚假、不实的情况，为了掩饰自己撒谎时的心虚，往往会做出这样的小动作。

（3）说话时摸下巴。

心理学研究发现，说话时爱摸下巴的人大多喜欢思考，不过正是因为喜欢思考，所以对于带有暗示性的话语更加敏感。与他们说话一定要少说有暗示性的话，以免对方胡思乱想，歪曲了你的本意。

（4）说话时撑脸颊。

不少人在说话的时候会习惯性地用一只手撑脸颊，这个动作表示缺

第十一章
懂得互动，才能把话说到对方心坎里

乏倾听的兴趣，希望正在进行的谈话赶快结束。和他们说话千万不要说无聊的事情，当他们不耐烦时，要及时转换话题。

理解他人，才能把话说到对方心里去

要想把话说到对方心里去，首先要懂得理解他人。

一次，小张和小李一起去外地出差。在出差后的第一天早晨，小张告诉小李要去买份报纸，请他等自己10分钟。10分钟后，小张空手而归，小李感到很惊讶，问道："你买的报纸呢？""我去附近找了一个报刊亭，选了一份自己喜欢的商报后，从钱包里拿出10元钱递给大爷，结果他没有收我的钱，并且从我手中拿回了报纸，边拿边教训我，说他在这种高峰时段没空给我换零钱。原来，他把我当成以买报纸为名来换零钱的人了。"小张解释道。

第二天，在同样的早晨高峰时段，小李专门去了小张昨天提及的报刊亭。小李礼貌地对大爷说："您好，我是外地人，想买当地的商报看看，但是我手头没零钱，你看这张10元的钱可以吗？在您正忙的时候给您添麻烦，真是不好意思。"卖报的老大爷立马把当地的所有商报堆在一起，边堆边说："没事，你自己选一份吧，我给你找零钱，也方便你之后用钱。"小李谢过大爷后拿着报纸回到旅馆，然后认真地对小张说："我今天拿着一张10元钱买了大爷的报纸。"

小张一副疑惑不解的样子："为什么他不卖给我卖给你？"小李把事情的原委告诉了他，小张感慨道："先理解他人，自己就会被他人理解。理解他人，才能把话说到对方的心窝里。如果用理解来表达需求，那么自己的需求就容易得到满足。"

"人类天性的至深本质就是渴求为人所重视。"美国著名哲学家詹姆斯曾经说过这样一句话。渴望被人重视,从某种意义上来说其实就是渴望被别人理解。在社会交往中,要想把话说到对方心里去,就要理解并尊重他人,理解他人的合理需求,避免伤害他人的自尊心。

(1)理解他人需要我们真诚交心,将心比心。

人与人之间彼此真诚则可以交心,彼此信任则可以相知,相知即被理解。在生活中能将心比心,就会对彼此生出一份尊重,增加一份关爱,就会多一些宽容和理解。把自己当成别人、把别人当成自己,我们才能在理解的基础上受人尊重。

(2)换位思考,站到对方的立场上考虑问题。

站在别人的立场上考虑问题,理解他们的想法、感受,这就是换位思考。学会换位思考,能很好地帮助我们理解他人,进而使很多问题迎刃而解。在与他人的交流中要学会换位思考,对于别人无意犯的错误要能够体谅。

(3)有效交流,才能更好地理解他人。

很多时候,我们与他人产生矛盾是因为我们没有真正地了解对方,而不了解对方的原因是谈话双方缺乏有效交流。说话是一种交流的艺术,掌握这门艺术,才能把话说到对方心里去。

少说多听,打开他们的"话匣子"

会说话不等于话多,在现实生活中,不少人对会说话有误解,片面地认为"能说会道"就是会说话,但事实却并非如此。中国有句古话叫作"言多必失",如果说起话来喋喋不休,那么不仅不会获得认可,

第十一章
懂得互动，才能把话说到对方心坎里

反而会弄巧成拙。

正如卡耐基所说："有时候话说得太多跟不说话的效果差不多"，说得过多并不是什么好事。每个人都渴望别人能够认真倾听自己，这符合心理学上的"焦点效应"，倾听不仅是对说话者的尊重，还是打开对方话匣子的金钥匙。因此，我们在与他人沟通时，一定要善于运用倾听的力量。

作为某机械公司的金牌业务员，白晓刚入行时的业绩简直惨不忍睹："我从小到大话都特别多，大家都说我适合做销售，于是我就来了现在这家公司。起初拜访客户，我都是长篇大论，我觉得自己说得很精彩，但客户往往无动于衷，被拒绝是经常的事，那时才突然意识到，能说不等于会说。"

为了突破工作上的困境，白晓专门向一位老业务员请教经验。"光你说了，客户没发表任何意见，这样肯定不行，要想办法让客户多说，比如提问、话题引导、鼓励对方开口等，自己则要少说多听，只有这样才能'刺探'出客户的需求，才好对症下药。"老业务员的一番话让白晓醍醐灌顶，此后在与客户的交谈过程中，他改变了自己"一直说"的独角戏推销方式，采用"一问二探三鼓励"的方式。

所谓"一问"，即初次见面，简单说明自己的身份后，询问对方有哪些需求，"这是一个非常好的说话引导法，超过90%的人会滔滔不绝地和我讲一些机械上的不足、使用上的困扰等"。

"二探"即进一步深入挖掘客户的需求，了解客户的基本情况后，就要探一探对方是否有买机械的打算，如果有，那么期望的价格、品牌是怎样的。客户说得越多，销售人员能够从中获得的有效信息就越多，白晓谨记老业务员的话"自己少说多听""想办法让客户多说"。

"三鼓励"即明确客户的需求后,鼓励对方了解和试用机械。

人人都有好为人师的心理,白晓自从认识到这一点后,在拜访客户时,就主动以一个"请教者"的姿态与客户交流。事实证明,这是一个让客户开口说出"心里话"的好方法。

在现实生活中,我们经常会遇到这样一些人,他们惜字如金,很少发表自己的看法,表情深沉,完全看不透他们在想什么。与这些人说话最大的困扰就是,你说了很久,对方如老僧入定般毫无反应。

要想撬开别人的"嘴",首先要学会倾听,即便你急切地想说服对方,也不要操之过急地不停说,因为说得越多错得也会越多,如此一来,只会让你彻底暴露在别人的眼底,让对方掌握交流的主动权。

此外,需要注意的是,越是打算深交的人越不能什么话都说。著名心理学大师荣格在他的人格面具理论中指出,"一个人公开展示的一面,其目的在于给人一个好印象,以得到社会的承认,保证能够与人甚至与不喜欢的人和睦相处,实现个人目的。"而在这一过程中,人们往往会说得过多,甚至带有夸大的成分,纸是包不住火的,一旦被对方发现自己所说的话不实,那么结果反而会更糟。要想避免这种情况发生,少说话、看情况说话是非常有必要的。

第十二章

好话好说：赞美不是随口说说，而要出于真心

如果你想受人欢迎，想交到更多朋友，那就大声赞美别人吧！寻找他人身上的闪光点，仔细琢磨如何去表达，而后幽默风趣地给予赞美，一定会极大地提升你的亲和力和人缘，带给你不一样的人生际遇。

第十二章

好话好说：赞美不是随口说说，而要出于真心

"赞美"的神奇心理效用

赞美别人，同样也会收获别人的赞美。

有这样一句箴言："合适的话，甜了心而健于骨。"赞美的话人人爱听，因为它既能维护自尊心，也能满足荣誉感，人们会情不自禁地感到愉悦，并对赞美者产生好感，从而拉近彼此的心理距离。

在我们的日常生活中，每个人都需要赞美，也都喜欢赞美。赞美对于大家，就如阳光之于万物。这不是贪慕虚荣的表现，而是我们渴望上进，寻求理解、支持与鼓励的表现。大家爱听赞美的话，是正常的心理需要，是自身价值得到社会肯定的表现。

当我们与别人在某个观点上产生分歧时，赞美的话会产生神奇的作用，能钝化矛盾，促进理解，加速沟通。会说话的人，必定是擅长说赞美话的人。

赞美的话可以说，但不是随便说，说赞美的话也要讲究方法。美国社会心理学家海伦·克林纳德认为，正确的赞美方法是将赞美的内容详细化、具体化，其中有三个基本因素需要明确：你喜欢的具体行为，这种行为对你有何帮助，你对这种帮助的结果有无良好的感觉。以这三个基本因素为依托，赞美的话说出来才不会空泛笼统，才能给人留下好印象。当我们赞美他人时，要把握赞美的"度"，适度的赞美，会使人心情愉悦；反之，则令人尴尬、反感，会让人觉得是在阿谀奉承、溜须拍马。而且，我们赞美他人时，一定要有据可依，不是随意把人夸得天花乱坠。

1975年3月4日,卓别林在英国白金汉宫被伊丽莎白女王封为爵士。在封爵仪式开始时,卓别林内心无比的兴奋、喜悦,女王握着他的手说:"我看过你的很多电影,你是一位难得的好演员。"卓别林对女王的赞美并没有产生很特别的感觉,这样的话他听过很多次,虽然这次是女王的赞美,但并没有让他感到有不同之处。他说:"女王陛下虽然说她看过我演的许多电影,并称赞我演得好,可是她没说出哪部电影的哪个地方演得好。"听到卓别林这样说,很多人都很吃惊。

从这个故事中我们可以看出,想要赞美别人就得说出具体的事实,有据可依,尽量针对别人做的某件具体的事情,这样才会产生良好的效果。

在赞美别人时一定要寻找到对方最希望被人赞美的地方,比如,我们可以称赞一位并不漂亮的女士为"有智慧""善解人意"、可以称赞一位不是很强壮的男士"很有能力""很有见地"。赞美一定要赞到点子上,既要考虑表达方式的新意,也要考虑对方的感受及最后的效果,综合思考,才会让赞美的话说得清爽、舒心,真正打动人心。

风趣的赞美让人喜出望外

听到赞美之声总是令人高兴,但是如果你听到的是重复的话,显然无法提起精神,因为它们索然无味。风趣的赞美能杜绝这种情形,带给你喜出望外的感觉。

与程式化的赞美言辞相比,幽默式赞美是一种惊喜,能带给人愉悦感,它是公共场合交流的必杀技。

每天早会结束后,公司领导都会夸奖大家,目的是鼓舞士气。一开始,

第十二章

好话好说：赞美不是随口说说，而要出于真心

员工很高兴，也很有干劲儿，因为得到领导夸奖确实能激发一天的斗志。但是一个星期下来，大家发现领导每天说的话都一样，就像提前背好的台词，对领导的夸奖便麻木了，工作积极性也大不如前。

重复、无新意的赞美缺乏乐趣，无法吸引和打动他人，如果能够为赞美之词加入一点儿幽默，显然会点燃听众的激情，令人士气高涨、精神抖擞。

幽默风趣的赞美像一颗彩色的糖果，给人甜蜜的享受。即便是最简单的夸奖，只要用幽默的形式表达出来，也会极具魅力和影响力。让人喜出望外的风趣赞美一定是有新意的，而这种新意并非凭空想象，需要综合各种因素仔细权衡，然后做出选择。

如果你已经无法通过赞美赢得对方好感，不妨掌握幽默式赞美技巧，给人惊喜，撩拨对方的心。

首先，模仿特定情节制造幽默效果。如果你发现一个人唱歌非常动听，可以对他说："你唱得太好听了，如果我坐在椅子上一定为你转身，然后大声喊出'I WANT YOU！'。"这是模仿《中国好声音》节目里的情节设置，表达赞美之情。相信对方听到你的夸奖，一定会喜出望外，受宠若惊。

其次，通过自嘲贬低自己、抬高对方，达到赞美的目的。用自己来衬托对方的闪光点，这种幽默的赞美方法也很受欢迎。比如，看到对方容貌出众，你可以说："我一直觉得自己风流倜傥，直到见到你，才知道这四个字不属于我。"对方听到这样的夸奖，显然会被你的谦逊、幽默和善意打动。当然，这样表达有一个前提，那就是你长得还不错，否则会适得其反，反而让对方不高兴。

真诚的幽默赞美最让人受用

每个人都想听到赞美,但是它必须是真诚的,因为虚伪的赞美没有任何价值。如果表达赞美的时候还能采用幽默的方式,则更令人受用。

从心理学角度分析,真诚的幽默赞美起源于内心深处的一种冲动,反映了一个人对另一个人的认可——外表漂亮、品格高尚、才华出众等。

在一次朋友聚餐中,王凯在餐桌上与大家交换名片。当他看到其中一人是一家大报的记者时,试图向其示好,于是称赞道:"哇,您就是大名鼎鼎的李东啊!久仰久仰,今天终于见到本尊了!"

但是,这位记者听完并没有流露出高兴的表情,而是反问道:"为什么我大名鼎鼎呢?"王凯回答:"我总在报纸上看到您写的文章。""哦?是吗?请问我的文章都刊登在什么位置了?""当然是头版头条了!"

这位记者听完苦笑了一下,说:"真不好意思,那肯定不是我,因为我是专门写讣告的。"话音刚落,现场的气氛立刻陷入尴尬。王凯悻悻地坐下来,不再说话。

王凯显然并没有看过这位记者的文章,而他的赞美也显然不是真诚的赞美。这样的赞美很容易让人怀疑你有什么企图,或者怀揣着什么不良目的。因此,被赞美的人非但不会开心,反而会讨厌你、疏远你。

真诚而幽默地赞美他人,不是溜须拍马,而是需要说话者发自内心,并在真实客观了解对方的基础上,给予认真的评价。当你深入了解、认

第十二章

好话好说：赞美不是随口说说，而要出于真心

识一个人之后，就会发现他身上的闪光点，也会知道该夸奖什么。

大音乐家勃拉姆斯出生在一个普通的农民家庭，由于生活窘迫，他根本没有接受教育的机会，更别提系统的音乐学习了。残酷的现实让他的音乐之梦成为幻想，勃拉姆斯一度对生活绝望。然而，与大音乐家舒曼的一次交集彻底改变了他的人生。

在舒曼家里，勃拉姆斯取出早期创作的一首 C 大调钢琴奏鸣曲的草稿演奏，当他的手指轻盈灵活地在琴键上跳跃时，站在一旁的舒曼惊呆了。

勃拉姆斯演奏完毕，舒曼抱住勃拉姆斯，兴奋地说道："天才啊，年轻人！只有天才才能创作出这么无与伦比的音乐！"舒曼发自内心的赞美给了勃拉姆斯信心，让他坚定了自己的音乐之路。

发自内心的、真诚的赞美，能帮你赢得他人的尊重和喜爱，配合幽默的言辞，能让你成为魅力十足的交际高手。

尽量把话说好听点

说话的最终目的是让人爱听、听进去。说话好听的人做事更顺利，人缘更好。俗话说："嘴巴甜一甜，胜过三斗田。"这句话说的就是这个道理。说话应该如春雨滋润大地一般温暖心田，说话应该如微风拂过面颊一样温暖人心。但说话好听并不是要你没有立场，无原则性地恭维他人，而是要你舍弃直来直往的生硬、尴尬，有策略地在体察对方心理的情形下说话婉转，并且中听。

在你身边不乏这样的人：如果你顺着他来，他便对你好得不得了，

甚至不惜为了你放弃原则;如果你跟他意见相左,他便处处跟你过不去,总找你的碴,让你感到不舒服。但如果哪天你请他喝酒,给足他面子,他便又视你为朋友,立即忘记以前的不快。所以,无论如何我们都应该把话说好听一点儿,莫要因为直性子在口舌上招惹是非。

把话说得好听一点,在别人期待的时候出现,会使对方内心得到满足。当然,在说好话的时候,要避免掺杂虚伪、敷衍的恭维话,以免引起对方的反感。虚伪的敷衍对友谊并没有增进的作用,反而会使对方产生被欺骗的感觉。人们喜欢听好话,但是并不喜欢被阿谀奉承、拍马屁,这是过犹不及。

因此,在说好话的时候,要学会赞美他人,发自内心地表达自己的关爱和热情,动机要纯。经验表明,发自内心真诚的赞美会让对方感受到诚意,容易拉近彼此的距离,让对方和你产生亲近感。

小贾与小刘是大学同学,他们学习成绩差不多,能力也相当。毕业后,两人同时进入同一家公司,并且都是在企划部。小贾与小刘在工作上的表现也不相伯仲,但是两人与同事相处的方式却大不相同。

小贾为人张扬,嗓门大,平时与同事打交道往往直呼其名,有时候甚至喊同事为"小张""小王",以示亲密。有一次,企划部的李经理正在接待重要客户,这时快递送货上门,于是,小贾便在门口喊起来:"老李,你的快件。"

事实上,李经理虽然担任公司领导职务,但是年纪并不大,这样被下属喊"老李",而且当着客户的面,显然有点儿下不来台。他阴沉着脸走出来,心中难免对小贾产生了不满,感到这位下属行事鲁莽,缺乏教养。

小刘就不同了,与同事相处总是毕恭毕敬,小心谨慎、见到有职

第十二章

好话好说：赞美不是随口说说，而要出于真心

务的同事，他便谨慎地喊"张经理""王主任"，对没有职务的则以"哥哥""姐姐"相称。平时拜托同事帮忙，即使是他们份内的事情，他也会加一句"麻烦您了"或者"辛苦您了"，使得对方心情比较舒畅。

在公司会议上，有时候李经理会要求同事之间互相勉励以及批评。小贾经常抓住同事的不足长篇大论，对同事表现好的地方却只字不提；而小刘也发言，说话却很让人受用，"X哥，在一些方面挺好的，经常帮助我们这些新人，虽然业绩有所下滑，但是我觉得这只是……"这样先赞美同事，再指出其不足，自然让听者感觉舒服。

后来，企划部经理的助理调到别的部门了，公司决定采用公开竞聘的方式选拔新人来接替这个职位。小贾与小刘都是业务骨干，自然参加了竞聘。结果，小刘以绝对优势击败了小贾，成为公司最年轻的中层干部。

在职场上，打造良好的同事关系必须注重沟通技巧，尤其要把话说好听一些。有的人习惯直来直去，结果很容易得罪人。虽然话没说错，但是因为口气、措辞欠妥，难免让人产生心理上的抵制，从而在情感上为你打负分。所以，说好话，把话说得好听一些，既是沟通的策略，做事的需要，也是做人的制胜之道。

（1）适当的幽默能使双方感情升温。每个人都喜欢幽默，幽默可以使谈话轻松愉快，使交流变得活泼令人记忆深刻。幽默的话语让人回味无穷，能有效提升个人魅力，并为以后友情的发展奠定基础。

（2）让"太好了""真不错""你真厉害"成为你的口头禅。赞美的话要经常说，不妨选几句做自己的口头禅，这样的话总是在适当的时候脱口而出，能拉近彼此的距离，让对方对你产生好感。

（3）礼貌待人，保持谦谦君子的风范。人际交往要以礼相待，尤

其在言语上,更要时刻注重"礼"。比如,不可说越界的话,不可出言不逊,不能够在称呼上随性。只要恪守着"礼",说出的话自然会让人受用。

摸准对方心理,说他们想听的话

"溜须拍马""戴高帽""阿谀奉承"……这样的说话方式历来被视为小人行径。不过反过来想一想,为什么奸佞小人能够仅凭一身溜须拍马的功夫成为重臣、宠臣呢?从现代心理学角度来讲,人人都喜欢被夸奖,爱听好话本就属于人类天性,虽说奸佞小人的行径令人不齿,但是因为他们深谙人的这种心理需求,所以能凭借"好话"春风得意、平步青云。

没人愿意被指责、被批评,在芸芸众生中,谁都想凸显自己的不同,获得高人一等的心理体验。其实你的任何一个说话对象都不例外,只要你摸准了对方渴望被认同、被称赞的心理,就能轻松找到他们喜欢听的话,如此一来,你们的谈话就能更加顺利地进行了。

阿梅的美甲小店已经开张整整一年了,开业至今,生意一直很红火,尤其是到了周末、节假日,顾客甚至多到需要排队。其实这里的美甲店并不是只有阿梅一家,旁边还紧邻着两家,不过奇怪的是他们的生意一直都冷冷清清,只有阿梅的生意越做越红火。

这究竟是为什么呢?在谈到自己的生意经时,阿梅毫无保留地分享道:"美甲是一个追求美丽的事业,俗话说'爱美之心人皆有之',来做美甲的客户多为女性,无一例外都属于大众眼里的爱美人士。我招揽客户的秘诀就是赞美,比如称赞对方的卷发很时尚、裙子很好看、戒指

第十二章

好话好说：赞美不是随口说说，而要出于真心

很特别、手链很个性、手包好前卫……我可以很负责地说，没有人不愿意听赞美，哪怕你的赞美有点儿夸张。"

绝大多数人都认为夸张的奉承、赞美不会起什么积极作用，但事实却并非如此。心理学研究发现，人在听到奉承后，都能意识到奉承的背后可能有某种不可告人的秘密，但内心还是会不受控制地产生好感。

弗洛伊德认为人格是由本我、自我、超我组成的，其中本我是非理性的，被冲动和欲望主宰，会不顾一切地寻找满足和快感。喜欢被称赞、奉承是本我的属性，因此就算虚假的奉承、赞美遭到了对方表面上的反感，也会对其内心造成长久的影响。换句话说，在与人对话的过程中，虚伪的奉承也会产生一定的积极影响力。

不少人在与他人说话时，吝啬对他人的赞美和夸奖，尤其是性格问题，导致根本开不了这个口，仿佛夸赞对方一句就是故意讨好，就是没有尊严、没有气节的行为。其实，赞美、称赞他人并不等于贬低自己，与小人行径更是没有半点关系。如果你想在社交场合成为一个受欢迎的人，那么就要学会适当地说他人喜欢听的话。

不过，同样是称赞的话，用不同的方式说出来，产生的效果也会大不相同。那么，我们在日常与人交流的过程中，怎样才能把"奉承话"说到位呢？

（1）赞美要贴合实际。

赞美对方不是要你睁着眼睛说假话，赞美一定要实事求是，否则只会让客户认为你在拍马屁。过于虚假、敷衍的赞美不仅不会让对方心花怒放，反而会让他们觉得你为人虚伪浮夸。

（2）满足他人的虚荣心。

人人都有虚荣心，当我们所说的话满足对方的虚荣心时，我们的目

的就更容易达到。所以，不少销售人员非常擅长给顾客戴高帽子，当顾客感到飘飘然时，销售人员才开始推销商品，尽管这种推销方式不一定百试百中，但可以有效提高销售成功率。

第十三章　委婉批评
采用"弦外之音"的说话方式,让对方"知错而退"

让批评声变得动听,关键是要学会换位思考,考虑对方的感受。同时,避免直言不讳,委婉的建议才能使批评更易被接受。

第十三章

委婉批评：采用"弦外之音"的说话方式，让对方"知错而退"

批评声也可以变得"动听"

中国有句古话："良药苦口利于病，忠言逆耳利于行"，劝诫和批评虽然不容易被人接受，但却是对人有益的。我们每个人都喜欢听赞美的话，对于批评，即使明知自己有错，但碍于面子，也不能心甘情愿地接受。成功的批评，不仅可以使对方认识到自己的错误，还可以使其心悦诚服地接受你的意见和建议并加以改正。批评也是一种艺术，也要讲究方法。

小东是一个小学六年级的学生，由于考试前一段时间没有好好听课和认真复习，导致考试成绩很不理想。

在班会上，班主任王老师不仅当着全班同学的面严厉批评了小东，让他当众对自己的表现和考试成绩进行检讨，还把小东的家长叫到学校办公室，向家长数落小东的学习态度问题。

当然，王老师的初衷是好的，毕业在即，他希望每一个同学都能以最优异的成绩毕业，但是对小东来说，他觉得在全班同学面前丢了面子，回家还要受到父母的责备，心里很难受。虽然他知道是自己的错，但心里还是暗暗地埋怨着王老师，觉得他小题大做，过于严厉，因此产生了逆反心理。

同样的情况，一个懂得维护学生自尊的老师，会在学生成绩不理想、情绪低落的时候，把他叫到办公室，让他自己检讨考试失利的原因，之后再指出他学习态度和方法上的错误，并给予鼓励和指导。或者在一番教育之后，与学生做一个小小的"交易"，允诺下次考试取得好成绩便会给予他表扬或奖励，这种方法不但不会打击学生的学习兴趣，还会给

学生以信心和动力。

同样是批评，方式改变，犯错者的接受程度也会随之改变。

在批评他人之前，要提醒自己：批评的主要目的是让对方正视自己的错误，改正错误，下次避免犯同样的错误。如果我们不顾及对方的感受，不讲策略地指责一通，往往会让对方难以接受，并产生抵触心理，这样就达不到批评他人的初衷。因此，在人际交往中要掌握技巧，让自己的批评变得幽默一些、委婉一些，这样既能维护被批评者的自尊，达到劝诫的目的，又可以为自己树立良好的形象。那么，如何才能让自己的批评声变得动听、易于被他人接受呢？

（1）不咄咄逼人，态度要诚恳友善。

批评犯错误的人时，我们应该怀着一颗宽容的心和善意指正的态度，这种与人为善、替对方着想的心态，更有利于工作的开展。

（2）委婉表达，巧妙暗示。

不管你和对方关系多么要好，直接批评对方的错误，都难免会使对方感到难堪。在日常交往中，如果能够设身处地考虑对方的感受，采用婉转的表达方式去批评对方，巧妙地给出改正建议，那么对方就会因为保住了面子对批评者心怀感激。

（3）采用先褒后贬的技巧。

直言不讳，固然坦荡，却往往会不小心"恶语伤人"，这时，就需要运用先褒后贬的语言技巧，先肯定对方在这件事上做得好的地方，适当地夸奖而不是一概否定；然后再委婉地提出指正和建议，"如果能怎样，就更完美了""虽然已经做得很棒了，但是如果怎样肯定更厉害"。这种巧妙的批评，在使对方认识到错误的同时，还能起到很好的激励作用，令对方欣然接受。

第十三章
委婉批评：采用"弦外之音"的说话方式，让对方"知错而退"

不伤自尊的批评术：对事不对人

善于批评者总是让对方心服口服，让对方感到并不是在批评自己，而是在劝说自己。会批评的人，在语言上会避开"你应该""你必须"之类的词，在语气上善用讨论的语气，以避免对方的反感。批评的目的是让对方接受自己的意见，只是理由充足不行，还要掌握对方的心理特点，对不同性格的人应采用不同的方法，因人而异。

现实生活中，每个人都会做错事或说错话，这时候不可避免地要受到批评。为了纠正错误，提出批评无可厚非，但有的人批评他人时言语、态度过激，这样不但起不到应有的作用，反而会适得其反。最常见的就是夫妻之间、父母子女之间对同一问题的反复唠叨，本来是出于对彼此的爱与关心，但却不是就事论事，而是一件事做错了，就将其以前做错的事也牵扯进来一起批评，这样不仅会使本次批评失去重点，还会分散被批评者的注意力，并引起被批评者的反感。

批评的目的是什么呢？当然是让别人认识到自己所犯的错，而不是要全盘否定这个人。在批评别人时，不宜过分强调他人的过失，更不能把其以往犯过的错揪出来，重点应该放在正面引导上，指出错误，告诉他们如何改正。

为什么"对事不对人的批评"容易被他人接受呢？因为每个人犯错后心里都会有压力，针对本人的批评会伤害他们的自尊心，而对事不对人的和风细雨式的批评，能够缓解他人内心的恐惧。具体来说，对事不对人的批评有以下两个好处：

首先，对事不对人的批评，有助于他人正确思考。谁都有犯错的时候，

当出现问题时，指出犯错的行为，可以把他人思考的焦点集中在"这件事怎么啦？应该怎样做呢？"这样一来犯错者才可能明白批评者的用意。简单地说，从"对事"的角度思考，是理性的；从"对人"的角度思考，是感性的。

其次，对事不对人的批评，体现了批评者对他人的体谅、关心、帮助以及鼓励。因为懂得宽容他人的过错，才更容易赢得别人的尊重和欢迎。

批评人应尽量准确、具体，对方哪件事做错了，就批评哪件事，不能因为他某件事做错了，就以一件事来论及整个人，把他说得一无是处。比如用"从来""总是""根本""不可救药""我算看透你了"等言词来否定人，都是不可取的，应当避免。

你还在气急败坏地批评别人吗

每个人都喜欢听赞美之词，讨厌被批评。如果非要批评别人，那为什么不改变一下说话策略，让批评听起来更动听呢？直截了当地指出他人的过失，甚至气急败坏地横加指责，往往闹得不欢而散；机智含蓄地说出别人的过错，在和颜悦色中进行提醒，显然更容易令人接受。

许广平曾经写过一篇论文，名为《罗素的话》。当时，她还是鲁迅的学生，于是找到老师请求评分。

鲁迅认真读完论文，在最后一页写上了八十分，并接着写道："给你五分，其中三分是抄写功夫，末尾的议论再给两分，其余的七十五分都是给罗素的。"

第十三章
委婉批评：采用"弦外之音"的说话方式，让对方"知错而退"

鲁迅的意思很明显，这篇论文的大部分内容都是许广平摘抄罗素的原话，自己的见解和观点寥寥无几。面对这样一篇不太合格的论文，鲁迅并没有直接对许广平严加批评，而是给了一个很高的分数，然后用幽默的评语指出真相，让对方恍然大悟。显然，这种有趣的批评更容易让人接受，也确实收到了良好效果。

生活中难免碰到令人懊恼的人和事，而愤怒往往于事无补，与其气急败坏地抱怨、斥责，不如冷静地用幽默来面对。

李娜在商场买的电饭煲出现了质量问题，按照15天之内无条件退货的协议，她找到售货员和商场相关人员要求退换。结果，商场不仅没有按照协议办理，反而冷语相对。

随后，李娜找到商场的楼层经理，说明了事情的原委，并发出感慨："这里的商品虽然很齐全，但是少了一样东西。"经理疑惑不解地问："请问，少了什么？"李娜笑了笑说："人情味儿。"经理一听，马上明白了李娜的用意，随后带她到柜台办理了退货手续。

显然，李娜如果在商场和店员大吵大闹，只会扰乱公共秩序，问题也不一定能解决。她找到楼层经理，借助含蓄的表达，让对方明白销售员服务态度很差，最终成功退货。

批评他人的时候，淡化指责的意味，更容易被对方接受。

看到朋友做了错事，显然不能袖手旁观，但批评朋友又有破坏彼此友谊的风险。这时，不妨在批评中加点儿幽默的话，有助于让对方理解你的苦心。

幽默的批评更能让人接受

人们对有趣的谈话印象深刻，对乏味、无趣的唠叨感到厌倦，根本不会当回事。

老舍先生曾经说，幽默者的心是热的。可见，如果批评他人时能够借助幽默这种润滑剂，那么便能给对方一个台阶下，为其留下三分面子。

费尽口舌之后，批评教育没有发挥应有的功效，你还会继续耐心引导吗？不要责怪对方态度不佳，你应该反思自己的说话方式，努力寻求高效的沟通之道。

幽默，作为一种独特的富有魅力的语言艺术，运用于领导者的批评之中，会显示出一种神奇的力量。幽默式批评就是在批评过程中，使用富有哲理的故事、双关语、形象的比喻等，缓解批评时被批评者紧张的情绪，启发其思考，从而增进相互间的感情交流，使批评不但达到教育对方的目的，同时也创造出轻松愉快的气氛。

伏尔泰的一个仆人有点儿懒惰。一天，伏尔泰请他把鞋子拿过来，他把鞋子拿来了，但鞋子上沾满了泥污。于是伏尔泰问道："你早晨怎么不把它擦干净呢？""用不着，先生。路上尽是泥污，两个小时以后，您的鞋子又要和现在的一样脏了。"伏尔泰没有讲话，微笑着走出门去，仆人赶忙追上说："先生慢走，钥匙呢？您没有给我厨房的钥匙，我还要吃午饭呢。""我的朋友，还吃什么午饭？反正两小时以后你又将和现在一样饿嘛。"伏尔泰笑着说。

第十三章
委婉批评：采用"弦外之音"的说话方式，让对方"知错而退"

伏尔泰巧用幽默，批评了仆人的懒惰。如果他厉声责骂、命令仆人，只会惹来仆人的埋怨，而且仆人未必能认识到自己的错误。

德皇威廉二世设计了一艘军舰，自鸣得意，便请国际著名造船家来鉴定，一位造船家对皇帝的设计提出下述意见："殿下，你设计的这艘军舰将是一艘威力无比、坚固异常、速度超群、装备上乘、十分美丽的军舰。但看来它有一个缺点，那就是只要它一下水，就会立即沉入海底，如同一只铅铸的鸭子一样。"

这位造船家站在事实的基础上进行批评：这船虽然设计得很坚固，装备又精良，但却缺乏作为船最重要的特点——能够航行。这样的批评，一语中的，使德皇幡然醒悟，取消了实施造船的计划，避免了损失。

人的行为一经发生，都希望得到肯定，即便出现某种错误行为，也希望得到人们的理解与同情。从心理学的角度讲，每个人都不愿意被批评。因此，批评他人时，不妨变换一种口吻，用幽默的形式批评，以褒代贬，反话正说，通过表面上的肯定达到实质上的否定，既增强了语言的幽默感，又容易被人接受。

批评，是一件严肃的事情，但这并不妨碍让被批评者发出欢快的笑声。绵里藏针，柔中寓刚，让被批评者在轻松愉快的氛围中接受批评，认识到自己的缺点和错误，是开展批评最有效的方法。

在生活中，无论是谁，都有犯错误的时候，我们也有必要指出他人的错误，如果这时给予的是过激的、不适当的批评，只会让他在错误的路上越走越远。批评是一种艺术，而且是更高的艺术。即使我们信奉"忠言逆耳利于行，良药苦口利于病"，但也别忘了，人都是有自尊心的，如果想用"嘴"来说动别人的"腿"，幽默是最好的方式。

以关怀代替质问

看到他人犯了错，人们会习惯性地质问和批评，但这种做法并不妥当。一方面，质问者不明白对方的处境以及犯错的原因就贸然质问会让人觉得委屈；另一方面，质问者在心理上有一种优越感，给对方造成强大的压力，进而令人反感。

人与人之间的沟通，应该以平和、舒服为基本原则。犯错的人也许正在自责，如果你贸然质问，势必引起对方强烈的心理对抗。会说话的人会适时表达关心，在问询中提出建设性意见，这样做会让人感觉到温暖。

小雯是初中二年级的班主任。这一天，她按时走进教室，给同学们上语文课。也许是临近周末的缘故，大家都心不在焉，有的人打盹，有的人发呆，有的人递纸条。

小雯非常生气，于是停止讲课，准备质问大家为什么不认真听讲，可转念一想，小雯意识到质问会引起同学们的逆反心理。于是，她决定换一个思路。她强压心中的怒火，对同学们说："有的同学不认真听课，是因为我讲得不够吸引人吗？有的同学在打瞌睡，是不是昨晚上睡得太晚了？有的同学在发呆，是不是心里有什么事儿？欢迎大家跟我说说。"

小雯晓之以理，动之以情，经过一番耐心说服，终于让大家把心收回来，开始认真听课。

小雯没说一句质问的话，却让所有同学把注意力集中到课堂上来，

第十三章
委婉批评：采用"弦外之音"的说话方式，让对方"知错而退"

显然，大家不仅修正了言行，也感受到了老师的关爱，瞬间拉近了彼此之间的距离。试想，如果小雯没有及时压住心中的怒火，对同学们严加质问，一定会引发大家强烈的抵触情绪。

与其质问，不如用关怀的语言关心他人，了解对方内心的真实想法，然后通过换位思考寻求解决问题的途径。面对令人恼火的事情，控制好情绪的确很难，但是理智的人能够保持克制，以关怀代替质问，与他人建立融洽的关系。

用关怀代替质问，需要后天不断练习。首先，学会真诚，用积极、正面的心态对待他人，不能将犯错的人一棍子打死，而应给对方改正的机会；其次，关怀、爱护那些犯错的人，理解他们的处境和心理感受，提出建设性意见。

建议式的"批评"更受欢迎

避开具体错误事实，采用商讨式的方式与犯错者探讨改正、改进的办法，这便是建议性批评。

比如，你作为一名报纸编辑去印刷厂校清样，发现版面上一个标题错了一个字而校对人员没有发现，显然你应该对校对人员进行批评，你可以说"你对工作太不负责了，这么大的错字你都没有校正"。但显然，这样的指责是不易被对方接受的，因为你不仅伤了他的自尊心，而且没有就错误本身提出改善的意见，让对方觉得你是为了羞辱他，而不是为了解决问题。

在提建议的时候要用疑问的语气，所表达的意思要是善意的、尊重对方的，并且是针对具体事情的。可以用这样的句式："你可以考虑试一试……""可能会让你……""你愿意试一试……""如果……就更

好了,你觉得呢?"建议式批评只能说能改善的方面,对于无能为力的方面是忌讳去谈论的。比如,你看到好友今天穿得很漂亮但没有化妆,你可以说:"今天你的衣服颜色很漂亮,如果你再画点儿淡妆看上去会更阳光。"这就比直截了当地说"你今天怎么没有化妆?"更容易让别人接受。建议式批评尽量说得具体一些,可以考虑加上背景和描述性表扬,忌讳指向人格层面和不能改变的现实。

采用建议式批评,应把握好三个关键环节:

(1)找准问题,突出重点,抓主要矛盾。

首先充分肯定他人的优点和成绩,保护其积极性;其次善于发现他人的问题,并敢于直言不讳,同时掌握好火候、时机、力度和频率。对要说明白的问题,掌握的情况越全面、越真实,对问题就看得越准、做出的判断就越正确。

(2)分析透彻。

对批评对象在充分了解的基础上,要有分析、有说理,体现综合性、思辨性、前瞻性。深入剖析产生问题的复杂背景和主观原因,特别注意挖掘普遍性、倾向性、潜在性问题。同时要换位思考,从不同的角度、层面看问题,尽可能地把问题看得深、想得全、说得准,这好比医生给病者号脉,只有准确判断病情,方能对症下药。

(3)主意实在。

建议式批评的真正目的是出主意、想办法、施援手,批评者要既会"诊断",也会"开药方",帮助解决具体问题。建议式批评还应刚柔相济、张弛有度,既有和风细雨润物无声的一面,给被批评者足够的消化、自省问题的醒悟时间,也应当有在关键时刻大喝一声的严肃态度。在提出具体建议时,除了书面、电话沟通,还可采取登门拜访、当面谈心的方式,有的问题还要多次、反复地交换意见,力争做到让批评对象口服心服。

第十四章

优势谈判：不光用"嘴"还要走"心"

每个谈判精英都是说话高手，但在谈判中，会说、能说还不够，关键时刻还要走"心"。

第十四章

优势谈判：不光用"嘴"还要走"心"

关键时刻一语中的，让对方无话可说

在谈判的时候，与对手长时间周旋只会浪费时间和精力，即便赢得谈判也得不偿失。对于谈判高手而言，他们不会与对手长时间纠缠，他们注重把控对手的心理活动，了解对手的思维动态，进而抓住问题的关键所在，然后一击毙敌。这种抓住主要矛盾、一语中的的说话技巧，在谈判过程中往往能够收到奇效。

一家超市因为业务扩展，急需招聘几名营业员。由于给出的待遇比较优厚，吸引了不少求职者。这些求职者多数是年轻漂亮的女孩儿，只有一位中年女性。

在面试的时候，超市经理对这位中年女性十分冷淡，但是这位中年女性并没有被不友好的氛围吓退，而是非常镇定地站在了超市经理的面前。

超市经理看了看面前的这位中年女性，摇了摇头，问道："你以前在哪些超市做过营业员呢？"

中年女性回答道："没有，以前觉得营业员的收入比较低，所以没有做过。"

超市经理的脸色变得更加难堪了，向这位女性发难道："我们这里的薪水是比较高，但是也不是白拿的。如果我们录用了你，你能保证自己的付出对得住这份薪水吗？"

这位中年女性看了看经理，说道："我不考虑自己能为超市做出什

么样的付出，但是我会考虑如何让顾客尽量为超市付出。"

听完这句话，超市经理的眼睛一下亮了起来，态度也来了个一百八十度的转变，大声说道："好，营业员就应该有你这样的觉悟，你明天就可以来上班了。"

就这样，中年女性搞定了超市经理。如果一开始这位中年女性就说自己会如何敬业、如何吃苦耐劳，相信经理也不会对其刮目相看，她就是看出了超市经理心里最真实的想法而一语中的的。

这也说明，在谈判过程中，滔滔不绝的激辩并不一定能够说服对手，准确而简洁的言语反而更能触动对手，让其接受自己的意见。

石山、石矿是一对双胞胎兄弟，两个小家伙活泼好动，经常为了一点小事吵闹不休。无休止的争吵，让他们的父亲不胜其烦。在一次调解好两个人的矛盾之后，他们的父亲说："你们以后不许再吵闹、打架，如果再打架，不管谁对谁错，你们两个都会被关进小黑屋，而且一个星期不许吃肉。"

听到不让吃肉，两个小孩儿显得很紧张，但是好动的天性不是那么容易改的，没过几天，两个人因为一个竹蜻蜓又吵了起来。

弟弟石矿说："这是妈妈买给我的，我不让你玩。"

哥哥石山一把把竹蜻蜓抢在手里，说："这是妈妈买给咱们两个人的，我先玩，一会儿再给你玩。"

石矿见哥哥抢走了竹蜻蜓，气鼓鼓地说："你又欺负我，我告诉爸爸去。"

石山看弟弟向书房走去，赶紧拉住弟弟说："你要是去告状，我们两个都会被爸爸关起来，而且一个星期都不能吃肉。这个竹蜻蜓我就玩

第十四章

优势谈判：不光用"嘴"还要走"心"

一会儿，很快就给你了。你想想吧，是被爸爸关起来还是咱们两个一人玩一会儿呢？"

石矿想了想，觉得哥哥说得有道理。如果被爸爸知道自己和哥哥又吵架，不光玩具会被没收，而且还要被罚一个星期不能吃肉，这样太不划算，于是同意了哥哥的建议。

在谈判桌上，谈判高手从来不会做过多的赘述，也不会与对手有过多的缠斗，他们总是言简意赅，迅速切中对手的要害，在关键时刻一语中的，让对方无话可说，只能乖乖就范。

协商+共谋，让对方无法说"不"

谈判的时候，每个人都想为自己争取最大的利益，但是如果不懂得兼顾对方的利益的话，谈判很容易进入僵局。如果懂得兼顾对方的利益，使双方都能得到自己想要的东西，谈判就能够顺利进行。所以，在谈判的时候不妨运用互惠原则，适当给予对方一些利益，在这种氛围下双方更容易谈出共赢的结果。

谈判时，每个人的身份不同、所处的地位不同，着眼点也不同，但是，想要获得长远发展机会的谈判人员，不会在一次谈判中将对手置于死地。那种时刻想要置对手于死地的谈判者，可能会取得一时的胜利，但是最终会失去他人的好感，被众人抛弃，不利于长远发展。因此，共赢的谈判结果，最符合长远发展的战略。

上个世纪，广东一家汽车公司要改进生产线，需要从德国一家公司引进整套生产设备。于是，该公司派业务经理去德国进行洽谈。由于这

笔交易涉及的数额过大,所以双方都希望能够说服对方做出重大让步。谈判胶着了半个月,但是价格始终没有达成一致。

这一天,双方再次坐在了谈判桌前,德国方面的代表首先说道:"这场谈判已经进行了半个月,希望今天我们能够达成合作。我们很渴望与贵公司合作,希望今天我们能弥合双方的分歧。"

中方代表点了点头道:"我们也希望能够与贵公司达成共识。令人欣慰的是,经过半个月的讨论,我们之间的分歧已经缩小了很多。无论是价格还是设备试验期限以及卖方信贷的年利率都缩小了很多。我相信,只要我们拥有真诚合作的信念,协议一定会达成。相信贵公司也了解,我们在邻省的分厂也在建设当中,不久之后,还需要采购新的设备,届时希望能够与贵公司再次合作。所以,我建议贵方在价格上能够再做出一些让步。"

德国公司的代表听完这些话,略微沉思了一下,说道:"我们愿意再把价格让出2%,这是我们能给出的最低价。"

中方代表当即表示,可以接受这个价格。在这场谈判中,中方和德方在维护己方利益的同时,也考虑到了对方的利益,从而达成共识。

现代社会的谈判,告别了以往竞争式的谈判。以往的谈判讲究的是单方面的胜利,赢家拥有一切,输的则一败涂地;现在的谈判则是讲究协商、共谋,双方一起寻求解决问题的方法,不再是你死我活,而是尽最大的努力让双方都成为赢家。

美国著名的谈判专家尼伦伯格认为,一场圆满的谈判,应该是双赢的,如果只考虑自己的利益,必然会让自己与其他谈判者形成势不两立的局面,不利于双方的长久合作,很多谈判高手认同这一观点。

要想让谈判实现共赢,就要遵循一定的原则。

首先,我们应该明白,在谈判中,彼此的利益出发点虽然不同,但

第十四章

优势谈判：不光用"嘴"还要走"心"

不等于对方要得到的就是自己要损失的。要想实现共赢，在谈判的时候就要关注双方的共同利益。

其次，不要过于贪心，不要试图将谈判桌上的所有利益都据为己有。在这种思想支配下进行谈判，只会陷入僵局。

另外，要敢于把一些优惠放到谈判桌上，只有给予对方一定的优惠，对方也才会给予我们适当的回报。基于这些条件的谈判，才有可能实现共赢。

欲得"寸"不妨先进"尺"

回想一下你是否有这样的经历：当朋友向你提出借一万元人民币的时候，你不是很情愿，想要搪塞过去，结果朋友转口又说："那借一千也行。"于是你立刻借给了对方，甚至还有些感激对方只是借一千元。试问，如果对方本来就想跟你借一千元，你还会借给他吗？

这就是心理学上所说的"留面子效应"，人们往往会有因自己能力不够未能帮到对方的负疚感。这时候，为了恢复自己的友善形象，也是为了宽慰自己，便会十分乐意接受对方提出的降一级的要求。

谈判时，也可以巧妙地利用这一点。在向别人提出要求之前，先说一个对方不太可能会答应的请求，当对方不好意思地拒绝后，马上提出自己真正想要提的小要求，被答应的概率就会高出很多。

在一条街上，有两家相邻的面店，看上去两家店每天的顾客量都差不多，但是到了晚上结账的时候，A店的营业额总要高出B店二百多元，天天如此，这让B店的老板很是不解。于是，B店老板安排自己的员工小李到A店去一探究竟。

小李一走进A店，就看到服务员热情的笑容，可是自家店的服务也很到位啊。小李坐下后，服务员拿出菜单，问道："您是加一个鸡蛋还是加两个鸡蛋？"小李想也没想就说"一个吧"。小李吃了面，觉得味道也没比自己家店好到哪里去，可是这碗面却比自家店贵了一元，因为要了一个鸡蛋。

小李回到B店，看到自家的服务员在招呼客人时，总是问"加不加鸡蛋"，而有的顾客说加，有的顾客说不加。小李恍然大悟，原来差出来的钱就在这里。A店让顾客在一个鸡蛋和两个鸡蛋之间做选择，而自己家的店则是让顾客在有跟无之间做选择。

心理学家曾经做过一个实验，将一个班的学生分为两组，首先对第一组说，他们将要参加一个为期一年的少管所管教工作，没有任何回报，完全公益性质，结果没有人愿意去，大家都以各种理由拒绝了。然后，心理学家又向他们提出带领小朋友去动物园的安排，也是义务工作，时间是周末两天，结果一半的同学欣然答应了。

另外一组学生则是直接问他们是否愿意在周末义务带领小学生参观动物园，结果只有16.7%的同学愿意接受。

在谈判桌上，你可以先不提自己真正的意愿，而是提一个比之严苛、过分得多的要求，在对方拒绝后，再提出自己真实的要求，对方会由于同情心、负疚感而更容易答应。

在人际交往中，适当地运用"留面子效应"，还能够在某些特殊情况下，消除对方的不满情绪。比如和朋友约好一起吃饭，你有事耽搁要迟到，你可以先打电话告诉朋友自己有要事缠身，可能要晚一个小时，朋友自然会生气，但是当你提前半个小时到的时候，朋友会怒气全消。

"留面子效应"更适用于跟你关系比较亲近的朋友，对于陌生人，不管你是借一百元还是十元钱，都是不太现实的。

第十四章

优势谈判：不光用"嘴"还要走"心"

别让对方抓住你的说话"漏洞"

谈判桌上的交流历来是言语的较量，谈判双方为了维护自己的利益，唇枪舌剑你来我往。在谈判的过程中，既要说服对方同意己方的观点，又要防备被对方说服，所以，一定要慎言，切勿被对方抓住自己话语中的"漏洞"，从而借题发挥，置自己于不利的地位。

谈判的时候，为了不被对方窥探到己方的弱点、底细，不被对方抓住说话的"漏洞"，一定要小心谨慎，尤其是在回答对方问题的时候，避免把己方的"底牌"亮给对方。一旦"底牌"被对方知晓，在谈判的过程中，将处于非常被动的地位。同时，当对方获知了我们的"底牌"，他们就不会再透露自己的消息，我们也就失去了和对方进一步交流的可能。

霍伟开了一家汽车零部件生产公司，在第一次推销产品的时候，因为太过大意，被对手探知了自己的底细，在随后的业务谈判过程中吃尽了苦头。

霍伟在向广州一家汽车生产公司推销产品的时候，对方先是"友好"地向他表示欢迎："欢迎霍先生来广州，以前并未见过霍先生，是第一次来广州吗？"对手这么问，只是想断定霍伟是否是新手。霍伟由于刚刚出道，缺乏经验，恭敬地回答道："是第一次来广州，我的厂子也是刚刚起步，还请您多多关照。"原本客套的寒暄，让对方得知了重要信息——霍伟是一名新手。

对方接着问道："霍先生的产品打算以什么样的价格卖出呢？"由于急于打开销路，霍伟如实相告："我们的产品成本价是45元，我打算

以50元的价格出售。"了解到霍伟想要尽快出售产品,对方趁机说道:"我觉得霍先生现在应该优先考虑将自己的产品推向市场,而不是谋求利益。而且我们是第一次合作,如果合作得好,我们可以成为长期合作伙伴。以45元的价格成交如何?当然,运费由我们承担,我们也算是帮贵厂做一次广告。"由于被对方探知了底细,对于对方的要求,霍伟只能无可奈何地接受。

其实,在刚开始谈判的时候,如果霍伟有所警惕,没有轻易把"底牌"透露出去,也不会是如此结果。所以,在谈判的过程中,一定要谨慎回答对方的问题,以免把自己的"底"漏给对方。

在谈判过程中,谈判高手总能准确地抓住对方话语中的"漏洞",然后针对对方的"漏洞"进行攻击,从而占据上风,达到自己想要的结果。

苏响是一家家具城的销售经理,这个月,他想联合本市另一家家具城举办一次家具展销会。在与这家家具城的销售经理协商的过程中,双方在资金、展销地点、展销日期等方面很快达成了共识,但是在家具的摆放次序上却争执不下,无法达成共识。

对方说道:"我觉得双方的合作应该公平、平等,我们可以让贵公司来策划这次活动,但是为了公平起见,家具的摆放应该由我们来决定。其实在我看来,家具的摆放并不是问题,并不会影响到销售情况。"

苏响略微思索了下,说道:"我同意您的观点,合作就应该公平。现在您把策划交给了我们,贵方什么都不做却决定家具的摆放次序,这难道公平吗?还有,您说家具摆放并不是问题,何不把这个也交给我们公司来处理呢?"

第十四章

优势谈判：不光用"嘴"还要走"心"

听完苏响的话,对方一脸的尴尬。他本来想用公平的原则来说服苏响,却因为说话不够严谨,被苏响抓住了"漏洞"。在"漏洞"被苏响抓住的时候,他也就丧失了谈判的主动权,最终只能听从苏响的意见。

在谈判中,被对方抓住说话的"漏洞"就等于被对方扼住了喉咙,谈判的主动权也会被对方掌控,自己将会处于被动的地位。所以,在谈判的时候,说话一定要小心谨慎,切勿漏出破绽。

话多不如话少,话少不如话好

中国有句古话说得好：病从口入,祸从口出。能言善辩自然是好,但是巧舌如簧地滔滔不绝,则很有可能给你带来祸患。美国艺术家安迪沃荷曾经和朋友聊天时说："我学会闭上嘴巴后,获得了更多的威望和影响力。"

谈判桌上,有些人误以为话说得多,就是占领了主场,就更容易牵引对方跟着自己走,在对方的水平很低的前提下,可能是这样,但如果对方很有判断力,也有自己的想法,那么这种连珠炮式的谈判方式,只会引起对方的反感。

中国还有句成语"大智若愚",真的有学问、有大智慧的人,从不乱说话,因为话一旦说出口,就如泼出去的水,无法挽回,而如果没有考虑周全,则会造成难以挽回的损失。

马车越空,噪声越大,只有那些胸无点墨爱慕虚荣的人才喜欢在谈判桌上口若悬河,真正聪明的人,宁可把嘴巴闭起来,谈判的艺术正在于少说。

心理学专家发现,相比夸夸其谈的人,人们更加信任沉默寡言的人。

不轻易说话的人给人沉着冷静、认真踏实的感觉,而喋喋不休的人则令人怀疑他的能力,并且通常会在他的话语中找到各种破绽。

王小波毕业于985高校,在学校担任过学生会主席,成绩也名列前茅,多次获得奖学金,因此在找工作的时候,他信心满满。第一次面试时,他大大方方地坐在主考官的对面,一点胆怯的状态都没有,主考官对他的表现很满意。

提问开始,第一个问题是如何看待自己的专业和求职之间的关系。王小波思路清晰地谈了一下。主考官满意地点点头,刚想继续问下一个问题,王小波又接着说起自己在学校的种种经历,参加的各种活动,还形象地举起了某一次活动的例子。

20分钟的面试,本来考官要问三个问题,结果只问了一个,并且王小波还在那儿滔滔不绝,最后还是考官终止了他的陈述,挥挥手,就让他走了。面试当然失败了。

面试的过程就是和主考官谈判的过程,一般就是主考官问你什么,你回答什么,不要轻易就某个话题展开,自以为是地认为这样能够给自己加分,实际上,主考官阅人无数,很容易发现你的破绽,反而会觉得你这个人华而不实。

话,有可说和不可说,有什么时候当说什么时候不当说。如果是自己有十分把握,并且是发自内心的肺腑之言,那则但说不妨,可也不应太长。而对于自己没有把握的事情,或者是单纯炫耀的话则没有必要说。

如果说话不当心,就会招来他人的记恨。"金人三缄其口"就是告诫大家说话要谨慎,在任何场合任何时间,尽量少说话,沉默是金,多听少说。

第十五章

言之有情：含情在心赋情于语以情动人

这个世界上最动听的话不是那些辞藻华丽、满腔附和的话，而是有真材实料、符合客观实际、带有感情的话。在说话时，如果我们能够调动自身的激情，以情感人，那么听者的注意力便会被我们吸引，我们就掌握了说话的主动权。

第十五章

言之有情：含情在心赋情于语以情动人

说话前，一定要避开"敏感区"

俗话说："东西可以乱吃，话不能乱说。"在人际交往中，为了避免出现矛盾，有些话不能随便说。

"语言的准确性，是优良风格的基础。"亚里士多德曾经这样说道。塞万提斯也曾告诉大家："说话不考虑，等于射击不瞄准。"一些禁忌的话经常会令人感到厌恶和抵触，敏感的话题往往会令谈话双方陷入尴尬的局面。所以，我们说话前，一定要避开"敏感区"。

小高和小王在同一所大学同一专业就读，两人被分到了同一寝室。

一天，新生要选体育课，小王自作主张替寝室内其他几人选择了跟自己一样的科目。由于所选科目不是自己喜欢的，小高有些不高兴，便与小王争执了半天。小王不服，不停地辩解，小高便说道："好吧，谁让你是咱们寝室的宝贝疙瘩，以后我们就叫你'疙瘩王'吧！"原来小王脸上长满了青春痘，一直都很发愁，经小高这么一说，觉得很是没面子，于是便回击道："蜷在两腮分，依在耳翼间，迷人全在一点点。"小高听后也很气愤，因为他脸的两颊长有雀斑，被人这样侮辱，抵触心理油然而生。就这样，两人陷入了冷战。

两人因为一件小事而彼此互相揭伤疤，最终陷入了尴尬的局面。

每个人都有自己的忌讳，是不愿意被人提及的。如果说话前不经考虑，口不择言，很有可能会触及别人的忌讳，引起别人的反感，甚至会招来怨恨。

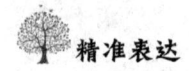

那么在生活和工作中，我们又该如何避开那些"敏感区"呢？

敏感区之一：个人隐私

每个人都有自己的隐私，没有人愿意将自己的隐私曝光于公众面前，一旦被公之于众，人们就会因难堪而气恼。所以，在与人交往的过程中，要避免接触这些敏感区，对于人们的隐私，最好是装作不知道，既不询问也不打探。

敏感区之二：个人自尊

自尊心是尊重自己，维护自己的人格尊严，不容许他人侮辱和歧视自己的心理状态，它是在后天的环境中逐渐形成的。每个人都有自尊心，如果你的话语使对方自尊心受到伤害，很不幸，你踩到了"雷区"。在人际交往中，应处处重视和顾及对方的脸面和自尊心，不说伤人的话，即使是开玩笑，也不能伤到他人自尊。要记住尊重他人就是尊重自己。

敏感区之三：个人痛处

"哪壶不开提哪壶"、口不择言、揭对方伤疤，这就是犯了交谈中的大忌，说话没有避开敏感区。如果真的不小心触到了对方的痛处，要及时补救，比如调侃自嘲，戳一下自己的痛处，这样大家就"公平"了。当然，最好的办法是注意避免触碰别人的痛处。

以上仅是敏感话题中的几种情况，平常的生活和工作中，忌讳的话很多，比如：在对应的场合说对应的话、尽量不要对心情沮丧的人炫耀自己的得意事、不要对国外的朋友说他们禁忌的话题等。

恰如其分地表达弦外之音

中国人说话含蓄，许多事情不会说破。有经验的谈话高手善于通过暗示表达弦外之音，彼此心领意会，皆大欢喜。

第十五章

言之有情：含情在心赋情于语以情动人

暗示考验的是沟通双方的心理默契，通常需要长期接触、交流才会建立这种理解和信任。但有些时候，双方并不熟悉，甚至是第一次见面，也能通过暗示进行隐晦表达，这主要考验当事人的现场观察力、判断力，以及对事态发展的准确预测。

安东尼奥·罗西尼是19世纪意大利著名的作曲家。一天，有人拿了一份东拼西凑的乐曲手稿来请教他，罗西尼端坐在椅子上，认真听对方演奏。

期间，罗西尼几次摘下帽子，这引起了对方的疑惑。这个人问道："请问，是不是屋里太热了？"罗西尼摇摇头说："不是，我有见到熟人脱帽的习惯，在阁下的曲子里，我碰到了许多老朋友，不得不脱帽打招呼啊！"

对方立刻明白了罗西尼的意思，知道自己这点儿小伎俩被识破了，于是连声道歉，迅速离开了。

显然，罗西尼知道这个人抄袭了别人的曲子，但是他没有说破，给对方留了面子，让他知难而退，妥善处理了眼前的尴尬。

暗示可以有效维护对方的颜面，让对方有回旋的余地。此外，在趣味表达中融入幽默的元素，也会让听者感到放松，从而更能接受你的暗示，意识到自己不恰当的举动。

有一次，法拉第做了一场电磁感应理论的演讲，一位贵妇人提出了质疑。

"法拉第教授,你讲的这些东西有什么用呢？"当时电磁学刚刚问世，应用极少，所以法拉第根本无法给出具体的回答。显然，对方故意让法

拉第当众出丑。

法拉第非常机智,沉着冷静地回答:"夫人,您能预言刚出生的婴儿有什么用吗?"结果,这位贵妇人无言以对,灰溜溜地离开了。

这位贵妇人显然是在胡搅蛮缠,但是法拉第不能用同样过激的方式回应。因为正面对抗会招来更多的麻烦和误解,让有效沟通变得更加困难,于是法拉第用幽默的方式启发对方——对待新生事物要抱着宽容的态度,巧妙给出了答案。

用暗示表达弦外之音,需要准确抓住对方语言上的漏洞,然后找到应对之策。在此,应充分运用发散思维寻求答案,然后给予有力回击,做到出奇制胜。

经验表明,诙谐地暗示永远胜过直接批评,在人性的世界中,微笑永远比撕破脸皮更加有效。

学会用心用"情"说话

《周易·家人·象》中记载:"君子以言有物,而行有恒。""言有物"就是指君子说话写文章要有内容,不能说一些空话大话。空话不会得到他人的认可,也不会交到真心的朋友。一个人说话用心用情,其实就是要求我们说话的时候要有真实的内容,要有真实的感情。

现实生活中,有些人说的话味同嚼蜡,没有什么滋味,并且有一种一听就知道接下来要说什么的感觉;有些人说的话可能没有用什么华丽的词语,但是却能深深震撼我们的心灵。这两种人之间的差异就在于他们说话的时候是否用心用情,将自己内心的想法真实地表达了出来。

第十五章
言之有情：含情在心赋情于语以情动人

荣获天津电视台"十佳"播音员主持人的李宗瑶以亲切自然、真实客观、知性大气的谈吐风格赢得行业内外的一致好评，并拿下了业界最高荣誉奖——金话筒奖。面对外界的好评和荣誉，李宗瑶始终保持着谦虚平和的心态，以饱满的工作热情、真实的谈吐风格继续努力工作。

李宗瑶刚接手电台节目的时候并不是很顺手，但是有之前做电视节目的经验在，她心里还是有底的。李宗瑶做的第一个电台节目是《城市论语》，这档节目主要谈论政治性的话题。当时李宗瑶对政治话题并不是很感兴趣，但是为了工作的需要，她在录制节目之前准备了很多资料，将时事热点的背景全面了解清楚后，再按照自己对这些事情的理解重新组织语言。

虽然这个节目以嘉宾发言为主，但是李宗瑶认真准备自己的问题以及自己对事件的看法，在节目中从来不随声附和，她用心用情在做工作。节目播出后引起了强烈的反响，业界内外对李宗瑶一致肯定，她的用心用情的谈吐为她和节目赢得了掌声与荣誉。

李宗瑶的成功之处就在于她说话注重用心用情，一个人要想在谈吐上与众不同，说话时一定要用心、用情。

首先，培养自身的观察力是最重要的。要想说话用心，就要培养自身的观察能力，善于观察的人更容易发现事物内在的联系。用心说话要求我们细心观察生活中的事物，看到别人看不到的，说出别人想不出的，这样的谈吐是用心琢磨出来的。

其次，善于思考，用心用情说出来的话都是人们根据观察再结合自己的思考表达出来的。一个人在说话的时候不能总是用别人的语言，还需要用自己的语言，将自己的话表述得富有个性，这样才能在芸芸众生中显示出我们的才华。

最后,真情实感是说话的灵魂。一个人所说的话一定要是自己的真实感受,并融入自己的观点。没有感情的语言听起来枯燥乏味,所以,要想在谈吐上打动对方,一定要带有自己的真情实感。

第十六章
完美笑话公式：幽默能够使语言更具魅力

在玩笑的形式背后隐藏着对事物的严肃态度，这是幽默；在严肃的形式背后隐藏着玩笑，这是讽刺。对此，德国作家布拉尔曾说："使人失笑的，是滑稽；使人想一想才失笑的，是幽默。"

第十六章
完美笑话公式：幽默能够使语言更具魅力

幽默，穿透人心的魔咒

具有怎样的品质才能更加吸引人呢？有人说是友善、热情、宽容、自信，富有责任感或者富有同情心等，但是人际关系专家指出，在这些特质中最重要的莫过于幽默。

幽默，是穿透人心的魔咒，一个富有幽默感的人能够彰显十足的魅力，给人留下深刻印象。

假如你缺乏展示自我的能力，即使再优秀再能干，也无法引起他人的注意。在有限的时间和空间里，一个富有幽默感的人能充分展示自身的优秀品质和迷人魅力，吸引人们的注意力。

加拿大人斯特·朗宁出生在中国，喝着中国奶妈的乳汁长大。长大以后，他辗转回国，成功竞选为省议员。当时，一些政客在他的出身背景上大做文章，不断诽谤、诋毁他："你喝中国人的奶长大，身上一定有中国人的血统。"

听了这些话，斯特·朗宁没有动怒，而是沉着应对："你们是喝牛奶长大的，据此推测，你们身上一定有奶牛的血统。"这犀利的回击直指问题要害，让众多对手哑口无言。

如果斯特·朗宁怒不可遏地和对方争执，不但无法扭转尴尬的局面，反而容易给自己抹黑。用幽默的语言作答，这种反击不是更明智吗？面对不利局面，能够保持沉稳，保持绅士风度，控制情绪波动，并用诙谐风趣的语言化解尴尬，这才是社交高手所为。

幽默能够带给你意想不到的吸引力，在你临危不乱、处事有度的背后，人们看到的是你良好的个人修养与风度。

约翰·亚当斯参加美国总统竞选时，遭到共和党人的指控——说他曾派自己的竞选伙伴平克尼将军前往英国挑选了四个美女，其中两个做他的情妇，另外两个则给了平克尼。对此，约翰·亚当斯没有大发雷霆，也没有指责对方满口胡言，而是忍俊不禁地说道："如果这是真的，那么平克尼将军肯定把四个美女都独吞了，一个都没有分给我。"

面对恶意中伤，亚当斯深知解释是徒劳的，而用幽默的语言作答却能起到有效的反击作用。最终，亚当斯凭借自己的机智、才干和幽默感成功当选，成为美国历史上著名的总统之一。

作为沟通的利器，幽默可以用来防御，也可以用来进攻。当然，它不是赤裸裸、针锋相对的言语挑衅，而是显示自身口才魅力和办事风度的助手。借助幽默谈吐，无论面对怎样的场景都能从容不迫，风度翩翩。

事实上，幽默是以含蓄、婉转的力量达到预期目的的，经验表明，这种绵里藏针的沟通话术最容易穿透人心，带来警示作用。

画龙点睛才是幽默的王道

很多人在说话的时候会情不自禁地讲几个笑话，以活跃气氛，但是，幽默的话语并非越多越好，关键是说到点子上，画龙点睛最妙。

在人际沟通或访谈、演讲中，总会发生一些意外情况，比如遇到刁难的问题，或者一两句话无法说清楚的事情，这个时候，用一两句幽默

第十六章
完美笑话公式：幽默能够使语言更具魅力

的话来应对无疑是上策。这样做不但能化解眼前的尴尬，还能起到画龙点睛的作用，让听众感受到发言者的机智。

1975年，在巴黎大学的博士论文答辩会上，法国主考官不知是否有意为难陆侃如先生，向他提出了一个非常奇怪的问题："《孔雀东南飞》这首古诗中，为什么不说'孔雀西北飞'？"这个问题，陆侃如无论是从地理、气候方面进行阐述，还是从诗文当中进行引述都将带来更多问题，不是一两句话就能说清楚的。而且，"孔雀东南飞"的真正原因恐怕未必有人能解释清楚。

只见陆先生不慌不忙地随口答道："西北有高楼。"这句诗出自古诗十九首，"西北有高楼，上与浮云齐"，因此"孔雀东南飞"。这一回答看似不着边际，事实上漂亮地回答了对方的问题。西北方向有高楼，挡住了孔雀的飞行路线，看似无厘头的回答却机智地应付了对方的刁难。

幽默不是小说，不需要时间、地点、人物以及严谨的故事情节，也不需要多么激烈的矛盾冲突，幽默表达力求简洁，三言两语就能起到画龙点睛的效果。

拟人：让无意识的动物替你说话

顾名思义，"拟人"就是把事物人格化，将原本不具备人类动作和情感的事物赋予"人性化"特征。在写作中运用拟人的手法可以让文章更加生动、形象，而在幽默表达中使用拟人修辞，可以将原本不具备自主意识的事物变得更加鲜活、灵动。

精准表达

俾斯麦不仅是一位铁血宰相,也是一位幽默高手。有一次,他和法官去郊外狩猎,突然从草丛中蹿出一只白兔。法官想炫耀自己的枪法,喃喃自语道:"这只白兔已经被宣判了死刑。"

但是枪响之后,白兔并没有被打中,法官非常尴尬。俾斯麦见状微微一笑,然后说道:"白兔好像对你的判决不服,跑到最高法院上诉去了。"

听完俾斯麦这句话,法官哈哈大笑,刚才的尴尬也随之烟消云散。

赋予其他事物人性化特征,并与特定语境结合,这种拟人修辞会让幽默表达更有趣,也更容易令人亲近。

在动画片《阿凡提的故事》中,有许多幽默对话使用了拟人手法,充分展现了主人公的机智和风趣。

阿凡提非常聪明,世人对此津津乐道,一位刚上任的县官很不服气,扬言要让他出丑。第二天,阿凡提主动来到衙门,对县官说:"我来了!"

县官看到阿凡提是骑着毛驴来的,不怀好意地笑了笑说:"欢迎你们两位光临。"

阿凡提听完之后拍了拍毛驴的背,结果毛驴大叫起来,还不停地甩尾巴。阿凡提在旁边说道:"毛驴在家说过,它的一位朋友当了县官,非要带我过来看看。"

县官听了这句话,脸涨得通红,说道:"那是你的毛驴,跟我有什么关系。"

阿凡提一听这话,打了毛驴一巴掌,骂道:"早就提醒过你,你的朋友当了官,肯定会装作不认识你。"

县官气急败坏,又无力反驳,只好灰溜溜地躲进了县衙,而围观的

第十六章
完美笑话公式：幽默能够使语言更具魅力

人们笑得前仰后合。

在整个对话过程中，阿凡提和县官都用了拟人修辞手法。不过，阿凡提技高一筹，巧妙地把毛驴和县官当成了朋友，教训了这个自以为是的家伙。

在幽默表达中，借用拟人的手段赋予各种动物"人格"，而后设置特定情境演绎幽默剧情，会让你的表达更加形象、生动，也能让别人更加为之折服。

设置悬念的幽默方式

设置悬念是比较常见的一种幽默手法，它很像相声、小品里的"设包袱"，即在真正的笑料抖出来之前，要经过一系列缜密的组织、铺垫，一环扣一环地系下"疙瘩"，在最后时刻把这些"疙瘩"通过一句话解开，起到画龙点睛的作用。

由于经过了前边一系列的铺陈，观众已经被深深吸引，所以在悬念化解的那一刻，喜剧效果会非常强烈，让听众印象深刻。

有一次，唐伯虎应邀到一位富商家里为富商的母亲祝寿。席间，他为老太太创作了一幅画，并在上面题诗——"这个婆娘不是人"。众人看到这句诗，惊得说不出话来，富翁也感到非常恼怒。随后，唐伯虎写道："九天仙女下凡尘。"至此，满座宾客长出了一口气，富翁也转怒为喜。

接着，唐伯虎又写出第三句："儿孙个个都是贼。"这句话又让大家感到非常诧异，富翁的脸色立刻变得阴沉了。唐伯虎的第四句跃然纸上："偷得蟠桃献母亲。"看到最后一句诗，满堂宾客无不交口称赞，

富翁更是喜笑颜开。

通过这四句诗不难看出,唐伯虎在第一、第三句设了悬念,在第二和第四句又分别解开悬念,前后反差之强烈,令人拍案叫绝。

设置悬念的幽默方式,最关键的是让听众有"山重水复疑无路,柳暗花明又一村"的感觉。这种过山车般的体验足够刺激,而最后完美的结局令人愉悦。

授课结束了,大学教授正准备离开,一位学生站起来说:"老师,我很不喜欢听你讲课。"听到这句话,同学们大吃一惊,纷纷把目光投向教授。

显然,教授很纳闷:"为什么,是我讲课很无趣吗?还是我讲的内容太晦涩了?或者观点不够深刻?"

这位学生摇了摇头:"都不是,因为您经常板着脸,眼睛也瞪得大大的,我专注于听您说了什么,都忘了看自己喜欢的小说了。"话音刚落,教室里一片哄堂大笑。

其实,这位学生本意是称赞老师讲课认真、严谨,但是他正话反说,将大家带入否定的场景中,最后再说出真实的意图。这种表达方式比直白的称赞更有幽默感,也更加令人印象深刻。

通过设置悬念表达幽默并不难,首先,设置幽默悬念要自然,避免被人察觉;其次,中间的铺垫要顺理成章,让听者的思维落入说话人的思路当中;最后,"点睛"要简短,给人一语道破天机的感觉,不能故弄玄虚。

第十六章
完美笑话公式：幽默能够使语言更具魅力

比比谁最会讲笑话

训练幽默思维，可以从讲笑话开始。笑话是一个个简短诙谐的故事，随着精心设计的情节不断引发笑点，令人捧腹。许多笑话通过绘声绘色地表演，都能引起满堂喝彩。

会讲笑话的人都有一套本领，一个微小的动作、一个不易察觉的眼神、一丝暗含深意的微笑乃至一声叹息，都能传递微妙的讯息。

你是否觉得自己缺乏讲笑话的天资，或者没有讲出笑话应有的效果，无法引起大家的兴致？讲笑话的高手不是天生的，而是后天持续训练的结果。在此，你可以遵循以下几个原则，通过勤奋练习成为讲笑话的行家里手。

首先，学会用活泼幽默的语气逐步设置悬念，而不是把故事的高潮提前泄露。在讲笑话之前，先别忙着说"这会让你笑掉大牙""我不敢肯定自己能讲好"之类的话，过高或过低的姿态都会让听众产生反感，降低笑话的趣味性。

如果笑话当中有人物出现，在介绍他们的时候要力求干净利落，过多的修饰语只会分散听众对故事的注意力，使你的妙语被冲淡，甚至失去预期的效果。笑话向来追求简短精悍，瞬间令人捧腹大笑。如果过于详细介绍人名、身份，或者频繁使用"然后""那么""这个"等词语，会大大降低逗趣的效果，甚至令人大失所望。

此外，在讲笑话的过程中，当事人不应丧失对幽默情节的兴趣，这样才能把富有感染力的表演传达给听众，令人感同身受，从而调动大家的情绪，产生良好的效果。

讲笑话时,还要注意与听众保持互动,眼睛要与大家对视,随时传递情感和态度。如果面对两个及以上的听众,你要不断地凝视他们的眼睛,避免把目光投向其他地方,否则会分散大家的注意力。

其次,讲笑话时还要注意措辞的严谨性,把握高潮到来时应该使用的措辞和节奏。尤其是讲述精彩及关键段落时,表达要铿锵有力,富有激情和感染力。

为了把幽默效果呈现出来,要懂得设置悬念,在高潮来临时控制好情绪,点燃听众的激情,让大家爆笑。

为了迅速拨动听众的神经,讲笑话时要采用口语化的措辞,避免使用书面语或文采过浓的词汇,否则会降低互动效果和笑话的精彩性。

注重场合对象,避免过于随意

幽默无异于快乐的代名词,但是展示幽默口才有许多禁忌,要区分时间、场合、对象,有的人口无遮拦,不仅无法给他人带来快乐,反而会被当做小丑。

注重场合对象,其实是对他人的尊重。古今中外,不乏忽视场合、对象,乱用幽默而招致不必要麻烦的人。这样的教训是非常深刻的。

周幽王为了博得美人褒姒一笑,不惜点燃了战时传递信息的骊山烽火,待各路诸侯带着救兵匆忙赶到,他却轻描淡写地说跟大家开玩笑。诸侯知道被欺骗了,愤而离去。

褒姒看着城下军队混乱的场面笑了起来,这让周幽王开心不已。随后,这个无知的皇帝又多次故伎重演,只为博得美人一笑。各路诸侯多次上

第十六章
完美笑话公式：幽默能够使语言更具魅力

当受骗，逐渐对周王失去信任。后来，西周遭到外族的入侵，周幽王下令点燃骊山的烽火台，可是各诸侯认为这还是一个骗局，都没有理会。最后，可怜的皇帝被外族的士兵杀死了。

周幽王的目的很简单，就是想让褒姒笑一笑，为此他在不合适的场合开玩笑，最终失信于各路诸侯，葬送了西周几百年的基业。

无独有偶，美国第40任总统里根也因为一句玩笑话，差点引发国际争端。有一次，国会举行会议之前，里根想试试麦克风是否能正常使用，就随口说了一句话："尊敬的先生们、女士们，5分钟之后，我将宣布对苏联进行轰炸。"

此言一出，举座哗然，议员们交头接耳，议论纷纷。其实，里根没有轰炸苏联的意图，他只是想借试麦克风的机会，调节一下会场的气氛。不久，这句话传到了苏联人的耳朵里，对方表现出了极大的愤慨，要求美国表态，最终，里根总统不得不为这句戏言道歉。

里根的这句戏言如果由普通人在一般场合说出来，只能博大家一乐，但是，一国总统在国会上这么说，影响力就非同小可了。可见，任何时候都不能乱说话，幽默也不能乱用。

第十七章

巧妙设计好话题,跟谁都能说上话

  选择一个好的话题,大家就会滔滔不绝,不仅能够拉近彼此的距离,也能使谈话更加顺利地进行;反之,如果选择了不合时宜的话题,谈话氛围就会变得很尴尬,甚至会影响双方的关系。

第十七章
巧妙设计好话题，跟谁都能说上话

赶快扔掉那些敏感话题

与人沟通时，选对话题是至关重要的。每个人都有不愿意提起的往事和难以启齿的忌讳，这些话题就像一道道伤疤，尽管已经过去，但是只要稍稍触碰就会想起。因此，说话的时候一定要察言观色，感觉情形不对，就果断扔掉敏感话题。

对于身居要职的人来说，扮演好相应的角色必须说对话，赢得大家的信任和支持，如果抱着过时甚至错误的话题不放，无异于自挖陷阱，让自己陷入难堪的境地。

想要巧妙地避开他人的痛处，扔掉别人不愿意谈论的敏感话题，你需要做到以下几点。

第一，不该说的话不要说，不该问的问题不要问。提问的方式有很多种，但最重要的是不要问他人不愿意或无法回答的问题，否则会引起对方的反感和厌恶。如果不确定对方是否愿意回答这些问题，可以旁敲侧击，适当运用诱导提问法和启示提问法进行问询。

第二，不说他人忌讳的闲言碎语。总有一些人热衷于对别人的事情加以评论，甚至编造谣言。这种行为不仅暴露了这些人的素养低，也会让被评论者听后恼羞成怒。因此，平时不要参与对他人的评价，也不要做小道消息的传播者。

第三，不随意评论他人的隐私。任何人都有不愿意被当众提起的隐私，因此不论何时何地都要尊重他人的隐私，绝不随意对其进行评论。这既是出于礼貌，也是避免与他人发生冲突的自我克制。

共同话题最能拉近关系

说话高手都非常擅长找话题：与科学家交谈，他们可以瞬间像一个学者一样就某科技问题侃侃而谈；与医生交谈，他们则变身"健康顾问"，可以就人体健康、疾病等问题发表自己的独特看法；与老师交流，他们可以放下成人的身份与地位，蹲下身来给小朋友们讲故事、唱儿歌……

其实，话题并没有好坏之分，只要对方感兴趣，愿意听下去，就是好话题。从心理学角度来看，好话题就是能够让对方产生心理共鸣、能够迅速拉近双方心理距离的话题。人们常说"话不投机半句多"，如果没有共同话题、共同语言做支撑，那么人与人之间的交流就只能是鸡同鸭讲，又怎么可能实现高效沟通、快乐对话呢？

相信很多人都曾有过这样的体会：和对方说话不投机时，交谈气氛就会变得异常尴尬，内心也会随之变得烦闷，没话找话实在是一种折磨。所以，我们在与人说话时一定要找到共同话题，这是迅速拉近彼此关系的重要社交利器。

小A与小B是同一家保健品公司的销售人员，不过两个人与客户的搭讪方式却有非常大的差异。

小A每次拜访客户，说话都非常"官方"，常常是一见面就直接推销产品："您好，我是××公司的业务员，您可以看一下我手上的这款产品，滋阴养血，非常适合广大女性日常食用……"绝大多数人对推销反感，所以小A在日常的销售工作中，常常被客户拒绝，销售业绩也非常惨淡。

第十七章

巧妙设计好话题，跟谁都能说上话

小 B 在与客户接触时，说话方式与小 A 有很大不同："我推销商品一般都是坚持三步走战略，第一步，通过共同话题给对方留下好感，第二步，友好交谈并逐渐赢得对方的信任，第三步，等待时机成熟时再适时推销商品。"

比如小 B 在推销孕妇保健品、营养品时，往往会这样搭讪："看您的肚子已经五六个月了吧？我妹妹怀孕的时候肚子也非常大，这个时候尤其要注意，刚才看您在长椅上坐了有一会儿了，椅子上很凉，还是不要坐太久，对孩子不好……"没有孕妇会拒绝一个友善的谈论孕期健康的人。营造共同话题的策略，让小 B 很少被客户拒绝，随着共同话题的展开，推销商品也会随之变得更容易，这也正是小 B 销售业绩遥遥领先的一个重要原因。

所谓"道不同，不相为谋"，与人交流，找到共同话题是非常重要的，直接关系着我们与对方的后续交流。如果我们所说的话题，是对方丝毫不关心、不在意的，那么谈话只会进入一个死胡同，被对方拒绝是早晚的事。

那么，怎样才能与他人找到共同话题呢？

（1）从词汇里找共同言语。

面对陌生人，我们对其喜好、说话风格、性格、职业、背景等情况一无所知，在这种情况下，找共同话题尤其困难，这时我们可以快速收集对方开口几句话所说的词汇、术语、流行语等，并用相似的语言与之沟通。比如当对方提到"……表演非常精彩"，我们就可以用"十分精彩的……表演"来找到共同话题。

（2）从表达方式里找共同点。

在与他人说话的时候，我们一定要注意观察对方的表达方式。有些人说话直来直去,那么选话题最好粗犷大气、不拘小节;有些人讲话细腻讲究,充满了小资情调,那么与之谈论的话题最好是电影、咖啡等比较有格调的内容;有些人言辞幽默搞笑,那么我们也要入乡随俗,话题最好选比较幽默轻松的……总之,对方说什么,我们就随之说什么,对方怎样说,我们就怎样说。如此一来,自然就能够迅速与对方拉近距离。

兴趣:说话高手都喜欢的话题点

与人交往,聪明人懂得投其所好,会选择多聊一些对方感兴趣的事或物,这是打开双方话匣子的前提,是彼此能够进行顺利沟通的重要保障。

某杂志公司负责摄影的员工曾经讲过这样一个故事。

他去邀请一位知名女模特拍摄杂志封面。该模特出了名地难合作,经常耍大牌,各种刁难,很多杂志社的摄影师都对她大伤脑筋。这名摄影师在见到模特本人时十分紧张,像以前一样,这名模特一见面就对摄影师说:"我只有一个小时的时间,拍完后照片让我的助理看一下,如果他不满意的话,你们就需要重拍,不过重拍时间等我的助理通知你们,因为我一周只接一次活动。"摄影师刚与她见面,她就给摄影师来了一个下马威,这令摄影师很不爽。

这名摄影师没接模特的话茬,而是转换了话题,对这名模特说:"久仰您的大名,我们先聊几分钟再给您拍摄。"见对方对自己如此崇拜,这位模特便点了点头,说:"好吧,先聊一会儿!""最近得知您去参加巴黎时装展了,看到您的穿搭,太有范儿了,网友们直呼您太美了,不仅长得漂亮,还很懂得服装搭配。"

第十七章
巧妙设计好话题，跟谁都能说上话

摄影师把前几天在新闻上看到的有关该模特参加时装周的报道搬了出来。"是吗？其实服装搭配这方面我不是很懂，都是我的经纪人和经纪公司帮我搭配的。"模特略表谦虚。"其实您平时的穿搭也很有品味，就拿今天来说，今天这一身就很有格调！"摄影师竖着大拇指对她称赞道。

模特微微一笑："今天这套衣服是我自己搭配的！"摄影师又赶忙说："很不错，这套衣服很配我们本期杂志的主题，相信拍出来会特别有型、特别美！""那我们赶紧拍吧！"模特很期待的样子。见她如此合作，摄影师很开心。拍完后，模特交代助理不用去看底片了，她表示完全相信这位摄影师，并向对方表示期待下次合作。

摄影师抓住了模特感兴趣的话题，使对方与他产生共鸣，对他产生信任，并很快敞开心扉。融洽的谈话氛围很快促成了合作。

通常情况下，人们只愿意与那些同自己有共同话题的人交谈。与人交谈时，多谈论一些对方感兴趣的事，并表达出对他人的赞美和肯定，能有效消除对方的戒备心理，使对方对你产生信任及好感。

那么，如何才能快速得知对方感兴趣的事物呢？

（1）从对方的职业出发。

与他人聊天，要聊对方擅长的。可以先从对方的职业入手，比如：对方是一名律师，你可以就做律师是不是很辛苦、一些法律条文或相关案例等等对方很了解的东西与他讨论，这样一来，对方就会感到与你很亲近，有聊得来的共同话题。

（2）通过他人收集信息。

通过向他人询问有关消息，来得知对方感兴趣的事物，然后将这些信息收集起来记在心中，待与对方沟通时适时抛出。这样谈论到对方的

兴趣与爱好，既能让对方感受到尊重，又赢得了对方的好感与信任，有利于增进彼此间的友谊。

（3）充分调查。

如果想在对方心中留下良好的印象，不妨在同对方交流之前对对方做充分的调查了解。只有在充分了解对方的前提下才能知道对方的真实想法，才能在交谈的过程中立刻抓住对方的兴趣所在。

话题是怎样出卖"人心"的

只要有人的地方就有交谈，只要有交谈的地方就必然会有谈话的主题，也就是我们通常所说的"话题"。那么话题究竟是怎样产生的呢？从心理学角度来讲，我们的心理活动与外在说话表现就好比一个"镜像"，简单来说，你对什么感兴趣，讲话时就会情不自禁地谈论这个话题。

在日常生活以及各种社交活动中，人们往往会引出各种各样的话题，透过人们谈论的话题，我们可以看到其背后隐藏的心理动机。

就拿女人来说，俗话说"三个女人一台戏"，女人聚到一起往往会有说不完的话题，不过有意思的是，女人在不同年龄谈论的话题也不同。

"××超帅，我好喜欢他演的××剧，一想起他和女主认识的场景，我的小心脏就会扑通扑通跳个不停。"未婚的女孩子聚在一起常常谈论青春偶像剧、帅气的偶像明星、言情小说等。

"你们看我这个包好不好看？昨天我生日我老公送的生日礼物，而且还有一大捧玫瑰花，我真是爱死他了。小O你不是也刚过完生日嘛，快来说说，你老公送了你些什么？"新婚还未生育的女性最喜欢晒"甜蜜"，老公是她们怎么也谈论不腻的话题。

第十七章
巧妙设计好话题,跟谁都能说上话

"下周我家孩子学校组织去郊游,还不知道怎么给他准备郊游的东西呢。前两天考试,他数学考得太差,我和孩子他爸在考虑要不要请个家教或者给他报个学习班。"对于有孩子的女性来说,孩子的话题说上几天几夜也不会腻。

未婚女性内心对爱情充满了幻想,所以喜欢谈论偶像剧、异性;新婚女性正处于婚姻的甜蜜期,对自己的另一半充满了爱意,所以常常谈到自己的老公;做了妈妈的女性心系孩子,自然三句话离不开孩子了。这就是不同年龄女性喜欢谈论不同话题的心理真相。

其实不只是女性,任何一个人谈论的话题都能反映其内心活动。从心理学角度来看,不同的话题有着完全不同的意义,尽管人们引发话题的方式可能是直接询问,也可能是顺着旁人的话语加以发挥,但不管开始话题的方式如何、话题的内容是什么,都带有一定的心理动机。可是,怎样才能根据话题看透"人心"呢?

(1)喜欢谈论"娱乐"话题的人。

综艺节目、电影、电视、明星、八卦、流行音乐……这些谈话内容都属于娱乐话题,一般喜欢谈论此类话题的人,性格都非常活泼,他们精力旺盛,喜欢寻求刺激和冒险,情绪比较多变。他们就像一个小太阳,能用开朗欢乐的话语温暖周围的人。要想和他们快速成为朋友,说客气话、赞美语,不如说一条有趣的娱乐消息。

(2)喜欢谈论"时政"话题的人。

一谈到国家大事,就会十分激动地说出自己看法的人,属于典型的"时政发烧友"。喜欢以时政为话题的人大多心怀天下、胸襟广大,他们不管做什么事情都很有全局观念和整体观念,性格沉稳严谨,遇事有主见且不畏强权,即便是面对质疑,照样可以面不改色地说出自己的真实思想与理念。

（3）喜欢谈论"工作"话题的人。

有些人非常喜欢谈论自己的工作，即使是休息时间也如此。喜欢以工作为话题的人，往往将工作视为生活中最重要、最关键的组成部分，有工作狂的倾向，和他们说话最好严肃点、认真点。如果你开口就是娱乐八卦，对方很快就会把你划入"不着调""不靠谱儿""不可深交"的行列之中。

（4）喜欢谈论他人"隐私"的人。

几乎每个人身边都潜藏着一两个"福尔摩斯"，他们最大的爱好就是挖掘别人的隐私，什么东家的孩子谈了个对象黄了、西家的兄弟俩昨天晚上又干架了……喜欢以他人隐私为话题的人，大多具有很强的支配欲望，好奇心、察言观色、逻辑推理能力都是一流的，比较渴望成为"舆论领袖"。和他们说话，千万不要说什么秘密，因为不管你怎样叮嘱他们要守口如瓶，他们还是会"默默"地把消息传播出去。

第十八章　成功搭讪

三言两语，给陌生人留下好印象

"说话"是展开交际的第一步，没有主动的交谈，就很难拉近与陌生人之间的距离，为此，必须战胜害羞和恐惧的心理，用真诚的态度和多多益善的赞美赢得陌生人的好感和青睐。

第十八章

成功搭讪：三言两语，给陌生人留下好印象

开场白直接关系搭讪成败

兵书上讲"不打无准备之仗"，这告诉后人，做事情要有充足的准备。在与人搭讪的过程中，开场白的准备工作很重要，包括个人心理调整、仪容仪表、用词用句等。

开场白对于社交来说很重要，特别是在男女相亲时，无论男生还是女生，都希望吸引到对方的注意力，所以在出门前，一定都会做一番打扮——精心准备漂亮合体的衣服，精致的妆容，甚至是开口的第一句话也会在家中练习好多遍。

英国心理学教授理查德·怀斯曼曾经对一场现代都市男女的相亲大会进行了调查，结果显示，速配成功的情侣，他们的开场白往往都是幽默风趣的、经过细心准备的。开场白可能不是搭讪成功的唯一因素，但却是重要因素。

有些人不太重视开场白，与人搭讪仅靠自己的直觉，这自然也不失为一种方法，自然的情感流露会给人真诚实在的感觉。但是这种类型的开场白需要你有深厚的积淀，能够在未知的情况下做出合适的言行。事实是，很少有人能够有把握地说，自己可以掌控所有搭讪情境、手到擒来。

因此，在日常交际中，准备开场白就显得格外重要。第一印象是决定搭讪能否成功的第一步，也是关键一步，开场白又是给人第一印象的直接表现。开场白说好了，你的搭讪就成功了一半。

张超是一名律师，在一栋写字楼工作，平常的午餐都是到一楼的港式茶餐厅吃碗煲仔饭。这些天，张超注意到一个女生，她面容姣好，气

质颇佳,也经常到这里吃午饭,总是一个人。

张超猜想,她可能也是在这栋大楼上班的职工,也许还是单身。随着对这个女生的爱慕之情越来越浓烈,张超就想认识对方,但是如何在人声嘈杂的午餐时主动和对方搭讪呢?张超苦思冥想了一番。

这天中午,该女生又是一个人坐在墙角的位置吃饭。张超发现她旁边有空位,就鼓起勇气走到女生旁边,面带笑容地说:"请问,这里有人吗?"女生抬头看了看,以为他是要拿走空椅子,便说:"没人,椅子你拿走吧。"

但张超坐了下来,挂着灿烂的笑容说:"我朋友过一会儿才到,我可以陪一下你吧?"女生听后扑哧一声笑了,两个人的关系一下子被拉近了。

有的人在遇到想要认识的女生时,不会像张超这么绅士又幽默地搭讪,而是上去就是一句:"美女,能一起吃个饭吗?"这样的开场白,往往会以对方的翻白眼结束。这样一种提问,在陌生人看来是十分无礼的,而如张超的做法,则给自己和对方都留有余地。

开场白的形式多种多样,针对不同的场景、不同的对象,开场白要适当地做出调整。

比如在日常生活中,想要比较自然地认识一个人,开场白可以用建议的方式。比如在商场里,有人在红色裙子和蓝色裙子之间犹豫不决,这个时候,你主动站出来,给出中肯的建议,那么通常会给人以好感,并且继续交谈下去的概率也会更大。

如果是在酒吧、KTV等场合,开场白就无须遮掩含蓄,而要简单直接勇敢,给人一种有魄力的感觉。比如"可以请你喝一杯吗?""你刚才唱的真好听",这样的请求和赞美会使对方放松,拉近双方的距离。

第十八章

成功搭讪：三言两语，给陌生人留下好印象

如何避开搭讪误区，防止尴尬

搭讪是一件既迷人又危险的事情，认识你比什么都重要的信念，让人爱上搭讪，但也存在一定的误区，可能会造成尴尬的局面。

在开口搭讪之前，你不会知道自己遇到的是什么样的人，这正是搭讪的魅力所在。与此同时，这也给搭讪带来了未知的风险，如果你没有做好准备，考虑不周，就很可能误入雷区。所以，为了防止尴尬，有必要了解一些搭讪的误区。

搭讪的第一个误区就是许多人认为搭讪是一件见不得人的事情，是地痞流氓才干得出来的事情，但其实搭讪这件事本身并没有见不得人，只是我们对它的认知出现了误区。

搭讪常发生在男人想要认识女人的情境下，人们在心理上就排斥这种行为，甚至认为这是猥琐的，但是猥琐不在于事情，而在于做事情的人。男女之间的互相吸引本来就是正常的生理反应，这是人的天性，没有什么不道德的。

第二个误区则是把搭讪看得太过简单，认为要到对方的手机号码、微信号就是搭讪成功，实则不然。如今社会风气比较开放，一般情况下，陌生人也能在交谈几句后给你留下联系方式，但这并不代表你的搭讪是成功的。

搭讪的第三个误区，就是将搭讪当作应试考试，以为照本宣科地背诵已有的模板，就能够应付所有的情况。比如好多人跟女生打招呼都是"你长得和我的初恋好像"，女人对这句话都有了免疫力，怎么那么多男人的初恋都和自己长得像呢？每个人都有独特性，女人更容易被独一

无二的搭讪打动。

再有一个搭讪的误区就是认为搭讪必须要有高超的技巧，一定要会花言巧语，但这往往是搭讪失败的原因所在。有男人在和女人搭讪时，会使用这样一种方法："美女，你东西掉了？"女人回过头："什么？"男人会说："你男朋友掉后面了。"

你以为这样的搭讪很聪明，但是在女人的眼里这往往是油嘴滑舌的表现，你能对她如此，就能对其他女人如此。有些人的演技不过关，还会被人当作神经病。搭讪过程中难免会犯错误，只要不气馁，知错就改，再接再厉，成功率就会得到提升。

探知对方心理，提高搭讪成功率

搭讪，在很多人的认知中，是一件不太体面的事情，但是随着社会的发展，搭讪已渐渐成为一门技术和必修课。

所谓搭讪，指的是主动和陌生人交流，为了想跟某人接近或者把尴尬的局面破解而找话题聊。搭讪，就是带着某种目的去和陌生人结识。

人是社会性动物，必须要与人沟通交流，懂得搭讪会为自己的事业和感情带来意想不到的收获。搭讪虽然是一种行为，但它反映的却是一种心理，兵法上讲"知己知彼，百战不殆"，探知对方心理，能够提高搭讪的成功率。

搭讪的目的有很多，因此不要对其抱有负面印象。向陌生人问路、结识潜在客户，都是在搭讪，这不是轻浮的事情，而是需要动用很多心理学知识的一门学问。

人类的交流是一个交互的过程，但是我们不是机器，不是你输入一

第十八章

成功搭讪：三言两语，给陌生人留下好印象

个指令，对方就会给你一个固定的反馈，所以这就需要我们在搭讪的时候考虑对方的心理，有的放矢地出击。

面对一个你一直想认识的人，你可以通过事前的调查询问，得知对方最近的生活、工作状况，从而掌握他当下大致的心理情况。而对于陌生人，为了提高你的搭讪成功率，就需要通过一些微动作和大环境来推测他的心理状况，然后选择恰当的搭讪方式。

住在纽约的杰克在圣诞节前夕驱车赶往休斯敦，打算与父母一同度过节日，然而在路上遇到了暴风雪，被困在高速公路上的一个加油站。孤立无援的他车子又抛了锚，万般无奈之下，在加油站员工的指引下他来到附近一个村子寻求帮助。

走了有十多分钟，杰克看到了一家汽车修理厂，虽然很简陋，但此时也只能指望它了。可是谁知杰克还没有走到修理厂门口，就听到很大的争吵声从屋里传来，接着他就看到一个五十多岁、满脸胡茬的男人被一个胖胖的妇人从屋内推出，妇人还大声吵嚷着："你走，不要在这个家里待着！"男人也气冲冲地回应说："走就走，我受够你了！"

此情此景，杰克大致明白了情况，男人应该就是修理厂的师傅了。此时，男人正蜷着双臂站在雪地中使劲儿地踢雪，嘴中不住地骂妇人。如此的情况，杰克犹豫着如何开口请求帮助，思考片刻后，杰克走了过去。

"嘿，兄弟，圣诞节何必和老婆吵架呢？"接着杰克提高了声调对着屋内说，"外面这么冷，冻坏了身子可怎么办啊！"其实这话是说给屋内的女主人听的。男人被杰克说得心软也心暖了，妇人也打开了门。

然后杰克顺理成章地提到自己的困境，请求对方的帮助，男人十分乐意，妇人还送上了刚做好的松饼。

如果你搭讪的对象是一位年纪不大的女生，衣着时尚，身上流行元素很多，言行很活泼，那么就可以推断该女生的心情不错，而且是一个比较简单直接的年轻人，因此你不应太过严肃、拘谨，应该大方直接地交流。

心理学上讲"首因效应"，指的是人们在初次接触时会根据对他人的直觉做出反应。所以，在第一次见面时，我们可以根据对方的表情、体态、服装、谈吐等做出判断，选择合适的搭讪方式。

你不知道的十大"搭讪礼仪"

在搭讪的过程中，为了提高成功率，你需要注意一些细节，这被称为"搭讪礼仪"。

第一，不要从背后跟陌生女子搭讪。这和人的心理有关系，一个人对于背后出现的状况有本能的排斥和恐惧心理，在一些地区和国家，从背后拍打人的肩膀是十分不礼貌的行为。

第二，视线相对时，应该流露出自然的微笑。俗语说得好，"伸手不打笑脸人"，微笑是最好的名片。笑容是全世界的通用语，虽然我们语言不通，但是一个微笑就可以拉近彼此之间的距离。这是你认识陌生人最好的方式。

第三，不要从上到下打量对方。被人上下打量，会给人不舒服的感觉，像是自己的尊严受到了侵犯。因此当与人搭讪的时候，视线应尽量保持在一个区域，最好是对方的眼睛，如果你不太好意思，也可以看着对方的额头，总之不要眼神游离，左顾右盼。

第四，态度要自然，不要让对方感到你是在有意和他搭讪。人在心理上对于他人有利可图的行为存在一种不信任感。而当你放下个人利益，

第十八章

成功搭讪：三言两语，给陌生人留下好印象

做一件对自己没有直接好处的事情时，往往能够得到他人的赞赏和欣赏。

第五，不要急着去接触对方的任何身体部位。社会学上讲每个人都有自己的社交距离，关系亲近的可能是十几厘米，陌生人之间则可能是一到两米。人都有自我保护意识，对身体的触碰，被很多人看作是一种冒犯，特别是对于一些敏感的人来说。尤其是对待女生，更不能轻易有肢体接触。

第六，不要对方一拒绝就气馁，而要越挫越勇，再接再厉。没有什么事情是可以一蹴而就的，搭讪就要脸皮厚一点，不要害怕被拒绝，别把自尊、面子看得太重，只有在反复打击中站起来，你的搭讪水平才会提高，你的社交能力才能得到提升。

第七，不能缠着对方，更不可以挡住对方的去路，紧追不舍。穷追猛打可不是什么好方法，那只会引起对方更大的不满，甚至还会把你当作骚扰者，让你吃官司。无论是在公共场合还是在私人领域，如果对方非常明确地拒绝你，千万要放手，不可以死缠烂打。

第八，要有自知之明，不能好高骛远。向往美好的心情，人皆有之，可是我们也要结合自身实际情况，你喜欢明星，但也要看清自己与人家之间的差距，不能盲目地活在幻想之中。相貌和金钱、社会地位的差距在现实中是很实际的问题。

第九，最好不要直接要电话、qq、微信等通讯方式。人在心理上都有保护个人隐私的本能，一个陌生人直截了当地向别人要联系方式，会让人认为是没有礼貌的行为，也会被人看作是探取自己隐私的行为，搭讪通常不会成功。

第十，如果你要到了电话，一定要尽快主动打过去。如果对方已经给了你电话，就说明对你的印象还不错，这时你就要乘胜追击，拖得时间越长，越容易被对方忘记，并认为你根本不重视他。

先聊自己私事的好处

在日常生活中,我们经常会发现两个毫不相干的人也能坐在一起聊得热火朝天,这叫情感共鸣。情感共鸣就像音乐的前奏曲,容易将对方的情绪带入佳境,然后再进入主题。有情感共鸣的人沟通起来比较容易,而且也会很愉快。

在与人交往,特别是与客户建立关系的时候,遭人白眼可以说是家常便饭。在这种情况下,就要想办法引起对方共鸣,使对方在不知不觉中视自己为朋友。先聊自己私事是一种不错的方法,它可以帮助我们营造一种适宜的气氛。由于我们是毫无保留地向对方敞开心扉,所以很容易让对方产生心理共鸣。

远藤在日本一家生产清酒的公司担任销售经理,公司最近开发了一种新清酒,让他负责这种清酒的推广与销售。

远藤经过认真调研,发现秋野是个潜在大客户,他在全国开了数十家连锁饭店。于是,远藤决定先拿下秋野这个大客户。可是,他的多次拜访,都吃了闭门羹。

不过,远藤并没有气馁,这天,他带了一箱清酒又去拜访秋野。糟糕的是,秋野一见到他就大发雷霆:"你怎么又来了,我不是告诉过你我最近很忙吗?怎么这么烦人,快走快走!"

遇到这种情况,多数销售人员都会扭头就走,但远藤却故作轻松地说:"秋野君,怎么我每次来你的情绪都不好?咱们能不能坐下来谈谈,也许说出来会好些。"秋野答应了,于是,双方坐了下来。

第十八章

成功搭讪：三言两语，给陌生人留下好印象

秋野说："远藤君，我最近确实很苦恼，好不容易培养了几个分店经理，却都让竞争对手用高薪给挖走了。"

远藤听后，拍着他的肩膀说："秋野君啊，你以为只有你苦恼吗？我也跟你一样啊！公司最近有新产品上市，前段时间，好不容易招来二十几个销售人员，现在走得只剩下两三个了。"

接下来，他们互相叫苦，从工作说到家庭，说到现在的员工是多么难培养，自己是多么不容易……最后，远藤对秋野说："我今天带了一箱清酒，请你免费尝一尝，咱们来个一酒解千愁。"

此后，远藤和秋野成了关系不错的朋友，远藤也因此成为秋野连锁饭店的固定供货商。

在与秋野谈生意无果后，远藤退而求其次，聪明地选择了和秋野一起"发牢骚"聊私事，发动感情攻势，攻下了秋野这座"堡垒"，最终成就了自己的事业。

由此可见，先聊自己的私事，有助于消除对方的防备，有助于让对方与自己产生情感共鸣，这对于接下来友好关系的建立非常重要。

在人际交往中，口才很重要，话题更重要，对的话题往往能使彼此产生相见恨晚的感觉。很多时候，先聊自己的私事，真诚地向对方敞开心扉，往往能消除对方的戒心，引发其心理共鸣，使彼此之间的沟通畅通无阻。

在聊自己的私事时，从以下几点入手更能激发对方的兴趣，使其产生心理共鸣：

（1）谈彼此的家庭状况。

家庭是社会的细胞，家庭生活的完美、和谐是每个人所渴望的。这类话题不必准备，随时都可以谈论，大家都可以从中发现许多人生哲理，

比如对子女的教育、日常生活的烦恼等等。

（2）谈共同的理想和未来。

每个人都关心自己的未来，前途与命运是永恒的话题。人生若没有前进的方向，生活便失去了动力。这类话题最易触动对方敏感的神经，尤其是同龄人更容易找到共鸣。

（3）谈彼此的共同经历。

谁都经历过失败，谁都有过成功。亲身经历过的人和事往往会留下深刻的印象。这种交流最易敞开心扉，最易见到真情。

第十九章　有求于人

做得对不如说得对，说得对不如说得好

美国著名心理学家威廉·詹姆斯曾说："人类本性中最深的企图之一是期望被赞美、钦佩、尊重。"所以，求人办事的时候先把话说得好听一些，自然容易得到他人的认同，进而赢得帮助。

第十九章
有求于人：做得对不如说得对，说得对不如说得好

开口求人帮忙要大事化小

遇到自己无法解决的问题，难免会求人帮忙。开口求人似乎是一件难为情的事情，一方面不想麻烦别人，另一方面碍于面子难以启齿。

向他人寻求帮助的时候，如果一开始就把事情说得难度很大，对方一定会考虑是否应付得来。如果是不熟悉的人，还会考虑如果帮了这个"大忙"是否能得到相应的回报，如此一来，双方都会陷入被动。

因此，开口求人的时候一定要坚持"大事化小"的原则，将困难缩小，将问题淡化，从而让对方主动出手相助，提高其帮忙的意愿。那么，如何才能做到"大事化小"呢？这涉及具体的说话技巧。

在《三国演义》这部小说中，刘备想要荆州，但是在跟孙权提出要求的时候不能直接要，那样对方肯定不答应，于是刘备委婉地提出了"借"。既然是"借"，那么肯定有"还"，孙权乐于让刘备欠一个人情，于是就高兴地答应了。虽然说"刘备借荆州——有借无还"，但是历史上刘备还是归还了，只是用另外两个地方替代而已。

需要注意的是，运用"大事化小"这一说话策略的时候不能太夸张，如果让对方觉得这件事情太小了，在你的能力范围之内，就会弄巧成拙。事情虽然小，但是超出了自己的能力范围，而对方又能轻易胜任，达到这种效果最佳。

在某些关键时刻，一句话甚至一个字就能改变一个人的态度。大事化小的关键在于"曲线救国"，通过委婉地表达，给对方回旋的余地，让他人觉得这件事力所能及，而且有利可图。

第一,交谈的时候应该注意自己的言谈举止,不能慌乱,要保持从容淡定。如果一开口就十万火急的样子,即便你把事情说得很小,对方也能察觉到问题的严重性。

第二,表情、语气、态度等像平常一样,不能与往日的差别太大。如果你求人时与往日的表情、语气判若两人,态度也明显不同,就会引起对方的戒心,降低成功的概率。

第三,求人时别用催促的语气,也别说低三下四的话。无论过于急促,还是过于放低自己,都会让自己陷入被动。求人办事的时候要尽量以退为进,适当使用激将法,这样有助于提升成功的概率。

毕竟是求人帮忙,无论最终结果如何,都应该保持一颗感恩的心。即便对方已经答应出手相帮,也要做好不成功的心理准备;即便真的失败了,也应该体谅对方,而不能牢骚满腹,甚至记恨在心。

诉苦,激起对方的同情心

著名思想家荀子曾说:"登高而招,臂非加长也,而见者远;顺风而呼,声非加疾也,而闻者彰。"何以做到如此?此乃借助了外界的力量。登高者,借助了地势之高,所以能够看到很远的地方;顺风者,借助了风的力量,所以能够听见远处的声音。

生活中,我们难免需要别人的帮助。如何向他人请求帮助还不被拒绝,是一门学问,需要掌握一定的技巧。诉苦,是求人办事的一种方式。人类都有同情心,是感性动物,对于他人遭遇不幸通常都会降低免疫力。

向他人诉苦,很容易拉近彼此之间的距离,让一些请求更容易开口。心理学研究发现,人们对于比自己境遇差的人会有如同母爱一般无私的情感,非常乐意伸出援助之手。这一方面可能来自善良的本性,但是更

第十九章
有求于人：做得对不如说得对，说得对不如说得好

多的是来自内心的优越感。因为在给不幸之人施以援手的时候，恰恰体现了自己的幸福和高尚，满足了自己的虚荣心。因此，人们在求人办事时，正好可以利用人类的这种心理，向其大诉苦水，以激起其同情心。

老李和老王是邻居，关系处得一直不错。老王老两口都是公务员，退休后都有不菲的退休金，儿女们也都有很好的工作。而老李一家，则是三代人同住一套房，老两口仅靠当环卫工人赚些生活费，还要贴补小孙子的学费。老李的儿子送快递，儿媳给人家做保姆，一家人的生活虽不说艰难，但也是紧巴巴的。

天有不测风云，人有旦夕祸福。老李在打扫卫生的时候，一头倒在路边，被送往医院后，检查出是腰椎间盘突出，亟须动手术，否则以后不但什么活儿都干不了，还要终日忍受疼痛。可是手术费用高达六万块，家里人犹豫了。

老李的老伴看着一家人愁眉不展，想到了对门老王，于是鼓足勇气登门造访。老太太一进老王家的门就是愁云满面，拉着老王太太的手，抽泣地说了自家的情况，又提到小孙子马上上小学，又得一笔钱，儿媳的主人家对她也不太好，儿子风里来雨里去，挣点钱实属不易，如今老伴又摊上这么档子事，日子真是没法儿过了。

老王太太听到这里，眼泪都要流出来了，拍着老李太太的手背说："大妹子，别太难过，有困难跟老姐姐说，我家还过得去，需要钱吱声，手术可得抓紧做。"老李家的难关终于在老王家的帮忙下解决了。

向他人诉苦最重要的一点，就是真实。我们不是用谎言来骗取对方的同情与帮助，而是将自己的实际情况告知对方，把内心的苦闷说出来，用移情的手法让其感同身受。

诉苦水、博同情、赢帮助,并不是一件可耻的事情,心理学上讲,人正因为有同情心才称得上是人,世界也因为有同情心,才更加美好。本来世界就不是完全公平的,每个人的际遇都有所不同,有人倒霉生病住院,有人却可能中了五百万大奖。我们在渴望得到他人帮助的时候运用谈话技巧,无可厚非,解决问题是最终目的。

有求于人,就有必要了解对方的心理,实事求是地表达自己的艰难情况,进而获得帮助,这合情合理。我们不是利用他人的同情心为自己的失误买单,我们只是希望能够最大效率地得到帮助,渡过难关,而非占人便宜。

以"口"求人不如以"情"求人

求人,是一种智慧,懂得借力,有助于提高办事效率,达到事半功倍的效果。

求人,不是用嘴说说就可以,也并非人人都能做得来。刘备三顾茅庐于诸葛亮,是一种礼贤下士的求,用情真意切感动诸葛亮,使其出山匡扶汉室。杨时程门立雪,是一种对知识的渴求,用自己的一片赤诚之心,感化老师,使其传道授业。

正所谓"精诚所至,金石为开",不是你尊口一开,对方就会慷慨相助。人是情感动物,你说破嘴皮子也不一定能够得到对方的信任,倒不如用真心实意打动对方,温暖他的内心,效果也许会更好。

求人,是人生之中必须修炼的课程。俗话说,一个好汉三个帮。当今社会倡导"我为人人,人人为我",只有互帮互助,才能构建和谐社会。有人说,求人并非易事,特别是在现在社会竞争压力越来越大的时代,很多人都是事不关己高高挂起,然而,没有攻不下的城门,也没有

第十九章

有求于人：做得对不如说得对，说得对不如说得好

走不通的路，关键在于方法是否得当。求，并非只是靠嘴，更多的时候，靠的是心，是感情。

一家生产玩具的工厂受到金融危机的影响，订单大大缩水，产值一落千丈，主管心急如焚。眼看着厂子面临倒闭的风险，为了摆脱困境，主管来到车间，语重心长地对大家说，"每个人每天都要想方设法销售一定数量的库存产品。"员工们都明白这可不是一件容易的事情，因此，无人响应，甚至大家还有些抵触情绪，明明是车间工人，哪里管得了销售的事情。

在动员无效之后，主管将几位老员工请到办公室，满含泪水地对他们说："各位老哥，你们都是陪我走了这么多年的元老，如今，厂子遇到了难题，我也明白你们很为难，但是只要厂子还在，我们就还是一条船上的战友。这一次，我恳请各位能够带头，拉兄弟一把，咱们一同渡过难关。"

主管的一番肺腑之言，感动了诸位员工，最终大家都答应了主管的请求，厂子也终于在大家的团结中熬了过来。

用真情实感说服人，需要根据各人的不同个性、不同状况做出不同的选择，具体问题具体分析。

以情感人，重点在于能够引起对方的情感共鸣。通常情况下，求助者可以通过寻找两人的共同点来作为突破口。相似的经历和爱好，能够有效地减少对方的恐惧和不安。唐代诗人白居易在被贬之后流落江州，与身份低下的琵琶女邂逅，很快便倾心交谈，这正是因为"同是天涯沦落人"，相似的经历让两个人的心贴得更近。

用情说服人，有时候也可以用眼泪帮忙，眼泪使人产生同情怜悯之

心。研究发现，小孩子出于本能在犯错后用哭泣来换取大人的原谅，好似他们天生就知道眼泪能够得到宽恕。情感是有力的武器，比任何语言都更有力量。

求人办事不如激"将"上阵

俗话说，水激石鸣，人激志宏。求人办事，不是只有顺着对方、一味好言好语之法，反其道而行之，采用激将法，往往也会收到意想不到的效果。激将法，是根据人的心理特点，让对方在某种情绪或鼓励之下，做出快速决绝的判断，从而达到自己的目的。

求人的方法千千万，因人而异，有人喜欢听软话，对于赞美之词没有免疫力，但是也有人不吃这一套，需要采用刺激的方法，激发其自尊心。

唐代天佑年间，朱全忠叛变，用奸计诱骗五路兵马攻打驻兵太原的唐晋王李克。朱全忠的队伍中有一勇将，名叫高思继，此人骁勇善战，智勇多谋，但是叛军最终还是被晋王擒获。晋王本来有意留高思继为自己效劳，但是高将军提出想要回老家山东种田养鸡，晋王只好如他所愿。

两年过后，朱全忠东山再起，发兵来犯，并且又得王彦章一勇将，晋王再次陷入困境，军中无人愿意迎战。晋王痛苦，无计可施。长子李嗣源对晋王说："曾经投降的将领高思继赋闲在家，如今他已改邪归正，和那朱全忠早已分道扬镳，何不再次请他出山？"晋王大喜，于是派李嗣源前去求将。

李嗣源到了山东农村，高思继直接表明态度，说已无出山作战之意。李嗣源知道高思继是个犟脾气，再吹捧他也是无济于事，于是反其道行之，

第十九章
有求于人：做得对不如说得对，说得对不如说得好

说："朱全忠手下有一猛将王彦章，我与他交手败下阵来，告诉他山东有一盖世英杰高思继，可这个王彦章却嚣张地说，若是他高思继来了，定要将他剁成肉酱！"

高思继听到这里，火冒三丈："快备马来，待我去生擒此贼！"如此，李嗣源如愿请得高思继出山。

每个人都有自尊心、荣誉感，如果有意识地运用反面的刺激性语言，将对方一军，反而会最大限度地调动起对方的积极性。激将法的"激"，并非盲目地用反话刺激对方，而是站在道义的基础上，让对方意识到，自己有义务和责任这么做。

激将法的使用，也要因人而异。心理学研究表明，人的性格千差万别，并非每个人都适用激将法，而且使用时要注意掌握时机和分寸：话出口太早，时机不成熟，可能会让人泄气；说得太迟，又失去了它的效果。

人的心理并不是一成不变的，它会随着时间空间的转换和具体情境的改变而发生变化，因此我们在有求于人的时候，需要准确把握对方的心理变化，知道何时对方受用激将法，否则很容易适得其反，不但得罪人还会招来麻烦。

激将法的使用有很多方式，有些重要的原则不能违背。首先，绝对不能说伤害对方自尊心的话。其次，要自然流露，不能夸大其词。

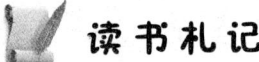 读书札记

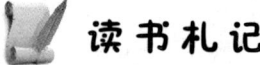 读书札记

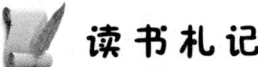 读书札记

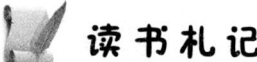 读书札记